KB261571

한강의 물을
한 입에 다 마셔라

● 혜담 스님 지음

불광출판부

한강의 물을 한 입에 다 마셔라

한강의 물을 한 입에 다 마셔라

어떻게 한강의 물을 한 입에 다 마실 것인가?

이 책을 손에 든 당신은 제목에서 우선 당혹스러울 것입니다. 한강의 물은 양적으로 한량이 없고 사람의 입은 한 잔의 물을 겨우 마실 수 있는 크기인데, 어떻게 한강의 물을 한 입에 다 마실 수 있겠는가 하는 의구심이 생길 것입니다. 그래서 먼저 제목의 출처를 잠깐 말씀드리겠습니다.

중국 당나라 때 방거사(龐居士)라는 유명한 도인이 있었습니다. 이 거사가 아직 깨달음을 얻기 전에 마조 대사(馬祖大師)를 뵙고, "만법과 벗하지 아니 하는 자, 그는 어떤 사람입니까?(不與萬法爲侶者 是什麼人)"라고 질문을 했습니다. '부처란 무엇입니까?'라는 단도직입의 물음이지요. 이 때 마조 대사로서는 주장자로 거사의 입을 내려쳐서, 이 속인 놈이 다시는 주둥아리를 놀리지 못하게 했어야 했습니다. 그러나 마조 대사는 역시 중국에 선(禪)의 황금시대를 연 대 선지식이었습니다.

대사는 점잖게, "그대가 한 입에 서강의 물을 다 마시고 나면 바로 말해주겠다(待汝一口吸盡西江水 卽向汝道)."라고 대답했습니다. 그런데 이게 어떻게 된 일입니까? 거사는 언하에 바로 현묘한 이치를 깨닫고 게송을 지어 바쳤습니다. 그 게송이 본서 211쪽에 인용되어 있는 내용입니다.

어떠하십니까, 아시겠습니까? 만약 이 도리를 보셨다면 이 책을 사지 마십시오. 그 돈을 차라리 돈이라면 오금을 못 쓰는 스님이 주지로 있는 절의 복전함에 넣든지, 재물이라면 사족 못 쓰는 목사가 담임으로 있는 교회에 헌금하십시오. 아니면 연말에 구세군의 자선냄비에 넣어도 좋겠지요. 그러나 미진함이 있다면 이 책을 끝까지 읽으십시오. 방거사의 도반이 될 수 있을 것입니다.

이 책은 필자가 불교방송에서 1993년부터 1996년까지 '자비의 전화'라는 프로그램을 혼자 진행하면서 준비했던 시작하는 말(opening comment)과 맺는 말(closing comment)의 원고 일부를 첨삭하여 엮은 것입니다. 생방송인 관계로 당시의 시대상황과 저의 생각을 1분 가량의 분량으로 방송했던 것인데, 본서에서는 내용을 조금 첨가하였습니다. 그리고 문체가 문어체가 아니고 구어체로 되어있는 것은 방송의 특성을 그대로 유지하고픈 생각 때문입니다. 귀로 듣는 것이 아니라, 눈으로 듣는 묘미를 생각했다고 할까요. 우리들은 원래 혀로도 맛을 보고, 손으로 만져도 보는 민족이 아닙니까!

아무튼 방거사가 마조 대사의 말 한 마디로 불법(佛法)의 참모습을 깨날은 것처럼, 이 책이 독자 여러분들에게 깨달음을 얻을 수 있는 계기가 되기를 바라는 마음에서 평지풍파를 일으켰습니다. 독자 여러분의 혜량을 바랍니다.

나무 마하반야바라밀

불기 2548(2004)년 갑신년 동안거 결제를 앞두고

검단산 각화사 목우실에서

혜담지상 합장

제 2장 함께 살아가는 세상

제3장 우리 민족 우리 이웃

제 4장 날마다 좋은 날

제 5장 세간과 출세간

제 6장 공의 마음, 그 텅빈 충만

제 7장 완성을 향해가는 완성의 세계

자신의 나무를 키우는 방법에는 여러 가지가 있을 수 있습니다.

그 가운데 가장 훌륭한 방법을 부처님께서 가르쳐 주셨습니다.

자신이 가진 것을 남에게 주는 보시가 바로 그것입니다.

재물이 없다고 탓하기 전에 무재칠시로 자신의 나무그늘을

조금씩 넓혀가는 삶이 바로 수행이 아니겠습니까!

제1장

삶, 그 속에 깃든 의미

인생은 나그네

　민족의 대 이동이 시작되었습니다. 어떤 사람은 승용차로, 또 어떤 사람은 열차나 버스 혹은 비행기로 각자의 고향을 향하여 크나큰 이동을 시작하였습니다. 섣달 그믐, 내일 설날을 고향 집에서 맞이하기 위해서 2,500만이 넘는 사람들이 나들이 길에 나선 것입니다. 때문에 고속도로를 비롯한 전국의 도로가 거대한 주차장으로 변해버렸습니다. 그러나 고향에 가는 길이 아무리 멀고 교통체증 때문에 그 여행이 힘들어도 목적지가 확실하기 때문에 사람들은 설레는 가슴을 안고 출발하며 마침내 어릴 때의 추억이 담긴 그 정든 집에 들어설 수가 있습니다.

　생각해보면 우리들의 인생살이 역시 긴 여행일 따름입니다. 단지 고향 가는 여행과 차이가 있다면 인생이라는 여행은 그 목적을 알 수가 없다는 사실입니다. 여행을 얼마나 더 계속해야 하는지, 거기에는 어떤 것들이 있는지 종잡을 수 없는, 정처 없는 나그네의 여행길이라는 사실입니다. 때문에 인생 여정은 항상 불안합니다. 이제 이 여행길에서 우리들은 부처님이라는 이정표를 발견했습니다. 이 이정표를 놓치지 않는 한 우리들의 긴 인생 여정에 새로운 세계가 열려지리라 여겨집니다.

참된 삶의 시간

이제 불교방송 '자비의 전화' 수화기를 내리면서 저는 각화사(覺華寺)에 돌아갈 걱정이 앞섭니다. 귀성인파로 모든 도로가 극심한 체증을 빚고 있기 때문입니다. 어느 길을 택하면 막히지 않을까, 절에는 몇 시쯤 도착할 수 있을까 등등으로 머리가 복잡해집니다. 벌써 오래 전부터 있어온 귀성길과 귀향길의 교통 체증은 우리 모두가 함께 하는 고민 중의 한 사안입니다.

그러나 고향에 도착하고부터 인생이 비로소 시작되는 것은 아닐 것입니다. 분명히 차 안에 앉아있는 몇 시간도 인생 그 자체이지요. 거기에두 가족이 있고 친구가 있으며, 음악이 있고 음식이 있습니다. 일상의 우리 생활과 조금도 차이가 없는 그대로의 모습입니다. 그런데도 우리들은 흔히 차 안에서 보내는 몇 시간을 삶에서 제외시키려 하는 듯합니다. 그러한 생각 때문에 과속을 하게 되고, 급기야는 불의의 사고를 당하는 것은 아닐까요. 차 안에 있든 직장에 있든 아니면 가정에서 빨래를 하든 지금 이 시간이야말로 가장 확실한 참된 삶의 순간입니다. 때문에 지금 현재를 등한시한 인생의 행복은 없고, 섣달 그믐날을 도외시한 설날 또한 있을 수 없는 것이지요.

동일생명

　부처님께서는 성도(成道) 후 첫 일성으로 "참으로 기이하도다. 일체중생이 전부 불성을 가지고 있구나!"라고 하셨습니다. 석가모니 부처님 당신만이 아니라 모든 중생들이 부처님이 될 성품을 가지고 있다는 뜻으로 부처와 중생, 너와 나 그리고 삼라만상이 동일생명(同一生命)이라는 사실을 말씀하신 것이지요. 부처님이 무엇을 깨달아 부처님이 되셨는지에 관해서는 학자들 사이에도 여러 설이 분분합니다. 그러나 깨달음을 얻은 후 그 첫 말씀이 '일체 중생이 불성을 가지고 있다.'고 한 것은 깨달음의 내용을 파악하는 데 있어서 아주 중요한 관건이 된다고 할 수 있겠지요.

　근래 들어 우리 사회에는 '집단이기주의'라는 말이 자주 등장하고, 실제로 집단이기주의적인 행동이 유행병처럼 사회 각계각층에 확산되고 있는 것 같습니다. 천하를 죽이는 한이 있더라도 우리만은 손해 볼 수 없다는 사고방식입니다. 그러나 부처님 말씀처럼, 너와 나는 동일한 생명인 까닭에 우리가 살고 있는 사회가 병들면 나 또한 병들지 않을 수 없습니다. 인간 삶의 근본은 이 점에서 시작되지 않나 여겨집니다.

가장 소중한 사람

만나고 헤어지는 것의 연속을 인생이라 부르는지도 모르겠습니다. 며칠간의 연휴를 끝내고 부모형제와 어릴 때의 벗들과 헤어져 다시 생활의 터전에 돌아왔습니다. 거기에도 역시 많은 사람들이 우리를 기다리고 있습니다. 이렇게 우리네 삶은 다른 사람을 만나고 헤어짐 속에서 하루가 가고 또 하루가 흘러갑니다.

그렇다면 그 많은 만나고 헤어지는 사람 가운데 누가 가장 소중한 사람이겠습니까? 물론 경우에 따라서 사정은 차이가 있겠지만, 아무래도 가장 자주 만나는 사람이 가장 소중한 사람 중의 하나가 아닐까 여겨집니다. 우리말에 '이웃사촌'이라는 말이 있습니다만, 이 말 역시 그러한 뜻이 아닐까요. 소중한 사람을 멀리서 찾을 필요는 없지 않겠습니까. 이웃, 직장동료, 같은 절 신도들은 친척보다도 더 자주 만나는 사람들입니다. 이 소중한 사람들과 화목하게 사는 것이 인생을 잘 사는 것이 아닌가 생각됩니다.

2월 28일

　28일, 월말. 해마다 2월의 마지막 날을 맞으면 다른 달의 월말과는 달리 인생을 2~3일 빼앗긴 느낌이 들곤 합니다. 그러나 윤년이 들지 않는 한 1년이 365일임에는 틀림이 없지요. 이처럼 모든 사람이 2월은 28일을 마지막 날로 하듯이 누구에게나 주어진 시간은 동일합니다. 어떤 사람에게는 1년이 360일이 되고 또 다른 사람에게는 1년이 370일이 될 수가 없는 것이지요.

　그런데도 우리 주변에는 인생을 길게 사는 사람이 있는가 하면 그렇지 못한 사람도 있는 것 같습니다. 자신에게 할당된 시간을 어떻게 자신과 사회와 민족을 위해서 보람 있게 쓰는가 하는 데 따라서 인생을 길게 살기도 하고 짧게 살기도 하는 것이 아닌가 여겨지기 때문입니다. 하루살이가 하루를 살아도 평생을 사는 것이고, 인간이 80년을 살아도 평생을 사는 것입니다. 시간의 개념은 단지 인간의 입장에서 정한 것이지 모든 중생에게 보편적으로 통하는 절대 진리일 수는 없는 것이지요. 스스로 마음먹기에 따라 인생을 길게 살 수도 있고 짧게 살 수도 있다는 것에 눈이 열릴 때, 우리 앞에 새로운 세계가 전개됩니다.

대추나무의 새잎

　온 천지가 푸르름으로 가득 찬 5월의 하순입니다. 겨우내 앙상하던 나뭇가지마다 초록색의 싱그러움이 물씬 풍깁니다. 그런데 이때에 이제 겨우 새잎을 내는 나무가 있습니다. 대추나무입니다. 이렇게 늦게 새잎을 내는 대추나무를 두고 혹자는 "점잖아서 그렇다."고 하는가 하면, 어떤 사람은 "게을러서 그렇다."고 말합니다. 그러나 가을이 되면 어김없이 빨간 대추를 맺는 것을 보면 결코 게으른 것 같지는 않습니다.

　그렇습니다. 늦게 잎이 나고 꽃이 피었다고 해서 대추가 열리지 않는 것은 아닙니다. 마찬가지로 인생에 있어서 남보다 빠른 출세나 성공이 인생 자체의 성공을 의미하는 것은 아니라는 생각이 듭니다. 인생이란 어차피 단거리 경주가 아닌 장거리 달리기고, 그 종착점은 죽음이라는 여행의 끝입니다. 그 사이에 출세라는 산도 있고 좌절이라는 늪도 있을 수 있습니다. 출세가 빨랐다고 해서 영원한 행복이 보장되는 것도 아니고, 조금 늦게 성공했다고 해서 인생이 불행해지는 것도 아닙니다. 대추나무, 성급하게 출세에만 매달리는 현대인들이 눈여겨보고 생각해 보아야 할 나무가 아닌가 합니다.

강아지의 목숨, 사람의 목숨

부처님 가신 지 오래되어 바른 가르침보다 삿된 사상들이 범람하는 때를 불교에서는 말법시대라고 합니다. 그리고 이 말법세상의 한 형태로 부처님께서는 견탁(見濁)이라는 것을 말씀하고 계십니다. 사람들 사이에 사물에 대한 착안점이 여러 가지로 다르게 되고, 그것으로 인해 서로 간의 마음이 거칠어져 남의 처지를 돌보지 않는 폐단이 생긴다는 뜻입니다.

일부 몰지각한 부유층의 사람들이 애완견의 용품으로 사람들이 사용하는 것보다 몇 배 비싼 것을 앞다투어 구하고 있다는 사실이 언론에 보도되어 물의를 빚고 있습니다. 엄밀히 말해 자기돈으로 비싼 개 목걸이나 귀걸이를 샀다고 해서 법에 저촉되는 것도 아니고, 따라서 타인들이 왈가왈부할 성질도 아닐 수 있습니다.

그러나 여기서 우리들이 그냥 지나쳐버릴 수 없는 한 가지가 있습니다. 다름 아닌 아직도 우리들의 주변에는 끼니를 걱정해야 하는 수많은 이웃이 있다는 사실입니다. 그리고 강아지의 목숨보다 사람 목숨이 천만 배 소중하다는 것을 구태여 말할 필요도 없다는 사실입니다. 우리들이 아무리 견탁의 시대에 살고 있다고는 하지만, 인간 목숨보다 강아지 목숨을 더 소중하게 여기는 이웃에 대해서는 좀 심하다는 상념을 지울 수 없습니다.

호박꽃과 박꽃

　제가 요즈음 거처하고 있는 곳은 경기도 양평의 용문산 자락에 있는 조그마한 토굴입니다. 집 이름을 '혜도산방'이라 지어놓고 혼자서 2년째 살고 있습니다. 경전을 번역하고 거기에 맞는 신행론을 집필하고자 찾아 든 곳입니다. 여름날이라 저녁 공양을 하고 나서도 어둠이 내리기까지는 꽤 시간이 있습니다. 그 시간에 호젓한 산길을 걸어 산책을 나설라 치면 유난히 하얀 박꽃이 눈에 들어옵니다. 호박꽃은 아침에 피는데 박꽃은 왜 저녁에 피는지 알 수는 없지만, 저녁노을과 함께 피어있는 박꽃 또한 얼마나 정겹습니까!

　남자든 여자든 잘난 사람이든 못난 사람이든 지위와 권세가 있는 사람이든 그렇지 못한 사람이든 모두가 이 세상을 장엄하는 보살이라는 생각을 박꽃을 바라보면서 하게 됩니다. 아니 어찌 사람뿐이겠습니까. 호박꽃은 호박꽃으로서 세상을 장엄하고 박꽃은 박꽃으로서 세상을 장엄하듯이 삼라만상은 나름대로 이 세상을 장엄하는 보살의 시현입니다. 박꽃, 그것은 단순한 박꽃이 아니라 이웃과 자신의 삶이 불국토를 장엄하는 보살의 모습이라는 사실을 일깨워주고 있습니다.

자신의 삶

　이젠 우리 나라도 여름휴가는 다녀와야 한다는 생각이 거의 정착이 된 것 같습니다. 그만큼 삶에 여유가 생겼기 때문인지 모르겠습니다. 그러나 특별한 집이 아니라면 가정주부로서는 휴가비가 여간 신경 쓰이는 일이 아니지요. 어떻습니까. 금년의 여름 휴가비는 준비가 되었습니까? 통장에 돈이 없는 분이라도 은행에 가면 마음껏 돈 구경을 할 수 있습니다.

　사실 돈을 가장 많이 세는 사람은 은행 직원들이지요. 그러나 그 은행 직원이 세는 돈은 자기 돈이 아닙니다. 하루에 천만 원을 세든 일억 원을 세든 그것은 남의 돈일 뿐 자기 몫은 한 달에 한 번 지급받는 월급뿐입니다. 우리들의 삶도 마찬가지가 아닌가 여겨집니다. 종일토록 남의 돈을 세면서 마치 자기 돈인 양 착각하여 기뻐하는 삶을 살고 있는 경우가 있습니다. 자기의 삶을 살지 못하고 공연히 남의 돈을 세면서 좋아하는 사람들이 예상외로 많은 듯합니다. 부처님께서는 이런 사람을 어리석은 사람이라 부르고 있습니다. 하루 한 번이라도 자신을 돌이켜보고 자신의 삶을 사는 사람이 현명한 사람이라는 말입니다.

저승에서 온 편지

어떤 사람이 어느 날 밤 저승사자를 만나게 되었습니다. 무작정 저승세계로 가자는 그 저승사자의 말에 그 사람은 노기 띤 얼굴로 미리 소식도 전하지 않고 이럴 수 있느냐고 항의를 했습니다. 그랬더니 그 저승사자는 "미리 편지를 보냈지요. 얼굴에 생긴 주름살과 침침한 눈, 쇠약해진 기력이 그것이 아닙니까." 하고 대답을 했습니다.

그렇습니다. 우리들은 매일매일 저승에서 온 편지를 받고 있습니다. 단지 그것이 자기도 모르는 사이에 배달되고, 따라서 읽지 못하고 있을 따름이지요. 때문에 천년만년 살 것으로 착각하고 삽니다. 그리고 그 착각으로 인하여 인간답지 않은 행동이 나타납니다. 내가 가진 재산은 영원히 나의 것이고, 나의 지금 이 권세는 누구도 엿볼 수 없는 무너지지 않는 성역이라고 생각하여 이웃을 핍박하고 다른 사람을 업신여기게 됩니다. 그러나 영원한 것은 하나도 없습니다. 마침내 이 몸까지도 없어지고 마는데, 하물며 재산과 권세이겠습니까. 할아버지와 할머니가 돌아가셨듯이 자신 또한 죽지 않을 수 없다는 분명한 자각이 인생을 도리어 풍성하게 만듭니다.

인간은 모순투성이

　사람들은 말을 하지요. '인간은 만물의 영장이다.' 혹은 '인간은 번뇌 가득 찬 범부이다.' 라고. 이 두 가지 말 가운데에 어느 것이 진실한 말이겠습니까. 생각해보면 인간은 모순투성이의 동물임에 틀림이 없는 것 같습니다. 현명한가 하면 어떤 때는 바보처럼 보이고, 자비심이 있는가 하면 또 어떤 때는 자신을 위해서 타인을 죽이기도 합니다. 건강할 때도 있고 병마에 시달릴 때도 있습니다. 필요에 의해서 신(神)을 만들기도 하고 때로는 신은 죽었다고 부정하기도 합니다.

　부처님은 우리들로 하여금 인간이 이렇게 모순투성이라는 사실을 깨닫게 가르쳐 주십니다. 인간은 본래 모순투성이라는 사실을 사실 그대로 바로 보라고 부처님은 일러주십니다. 그래서 부처님을 인천(人天)의 스승이라고 합니다. 인간이 이렇게 모순투성이인 까닭에 악한 사람이 선하게 될 수도 있고, 착한 사람이 악하게 될 수도 있습니다. 실수를 할 때도 있고 좌절 속에서 오랫동안 벗어나지 못할 수도 있습니다. 인간이 본래 그러하기 때문에 우리들은 잘못을 저지른 이웃에 대하여 용서를 할 수 있고 관용을 베풀 수도 있습니다. 본의 아니게 저지른 자신의 실수에 대하여도 참회하고 새롭게 출발할 수가 있습니다. 부처님과 맺은 인연은 그래서 소중한 것입니다.

자신이 만드는 갈등

자가용 승용차가 많아졌다고는 하지만, 아직도 보통사람들이 출퇴근 시간에 가장 많이 이용하는 교통수단은 역시 버스나 전철입니다. 이렇게 많은 사람들이 대중교통을 이용하기 때문에 빈 좌석을 얻기가 하늘에 별 따기만큼이나 어렵지요. 자연히 우리들은 자리에 앉아있는 사람 앞에 서있을 수밖에 없게 됩니다. 그러다 보면 요행스럽게 중간에 빈자리가 생기고 앉을 수도 있습니다.

그런데 문제는 다른 사람 앞에 앉아 있던 사람은 중간에 일어나 내리는데, 자신 앞에 앉은 사람이 좀처럼 일어나지 않을 때입니다. 이때 보통은 자신 앞에서 끝까지 앉아 있는 그 사람에 대한 미운 마음이 생기기 시작합니다. 참으로 묘한 인간의 마음이지요. 상대방은 목적지까지 앉아갈 수 있는 권리가 있고, 그 상대방 앞에 선 것은 남이 아닌 자신의 선택입니다. 그런데도 일면식도 없었던 그 상대를 미워하고 때로는 속으로 욕까지 하게 되니, 이 얼마나 해괴한 일입니까! 비단 빈 좌석을 둘러싼 일뿐이겠습니까. 어찌 보면 우리네 세상살이가 전부 이렇게 진행되고 있는지도 모를 일입니다. 상대방은 무심히 있는데, 스스로 오해하여 미워하고 질투하고 저주하고 있지는 않는지 돌이켜볼 일입니다.

가장 소중한 재산

『증지부경전』에는 "재산을 잃는 것은 작은 것이다. 가장 크게 잃는 것은 지혜를 잃는 것이다."라는 말이 있습니다. 우리들에게는 여러 가지 재산이 있습니다. 그리고 그 재산을 둘러싸고 인간의 온갖 희비(喜悲)가 벌어집니다. 때로는 산중 토굴에서 혼자 수행하고 있는 저에게 신도들이 "스님, 혼자 계시면 밤에 무섭지 않으십니까?"라고 묻곤 합니다. 그 물음에 대하여 "그렇지 않다."고 말합니다만, 이유는 간단합니다. 혼자 있는 것이 두려운 데는 한 가지 이유가 있습니다. 누군가에게 빼앗길 수 있는 재물이나 재산이 있을 때입니다. 그런데 저에게는 목숨 말고는 불청객에게 빼앗길 재산이 없기 때문에 두려움이 있을 수 없는 것입니다.

그러나 재산이라고 해서 꼭 금전이나 보석만이 아닙니다. 이를테면 젊음도 아주 소중한 재산입니다. 시시각각 늙어가는 사람에게 이것보다 더 소중한 재산이 어디 있겠습니까. 여성에게 있어서는 아름다움은 매력적인 재산일 수 있고, 운동선수에게는 팔이나 다리가 생명 같은 재산이 될 수도 있습니다. 최근에는 지적 재산권이라는 말도 보편화 되었지요. 그 모든 재산 가운데 가장 소중한 재산이 지혜라고 부처님은 말씀하시고 계십니다. 그런데도 오늘날의 세태를 보면 눈에 보이는 재산만 탐하고 지혜라는 재산은 등한히 하고 있지 않나 하는 생각을 지울 수 없습니다.

경포대에 뜨는 달

　본격적인 휴가철을 맞이하여 동해로 향하는 차들이 꼬리를 물고 있습니다. 무더운 여름을 잠시나마 바닷가에서 보낸다는 것이 한 해의 큰 행복인지도 모를 일입니다. 저 동해의 바닷가로 향하는 사람들이 목적지로 정하고 있는 곳 가운데 하나가 경포대일 것입니다. 왜냐하면 경포대야말로 동해의 가장 대표적인 해수욕장이기 때문입니다.

　옛날부터 동해의 경포대에는 달이 다섯 개 뜬다는 말이 있습니다. 하늘의 달, 경포호의 달, 바다의 달, 사랑하는 사람의 눈에 뜬 달과 마주 놓은 술잔에 비친 달을 가리킵니다.

　『금강경 오가해』에서 종경 스님은 "천강유수천강월(千江有水千江月;천강에 물이 있으면 천강에 달이 바치고) 만리무운만리천(萬里無雲萬里天;만리에 구름이 없으면 만리가 하늘이로다.)"이라 노래하고 있습니다. 바로 이 종경 스님의 노래가 경포대의 달로 잘도 표현되어 있습니다. 하늘에 뜬 달은 물이 있는 곳이면 어디든 나타납니다. 마찬가지로 우리의 이웃은 부처님의 모습을 하고 나의 주변 곳곳에 몸을 나투어 살아가고 있습니다. 단지 그 사실을 우리 자신이 모를 뿐이지요. 바닷가 피서지에서 경포대에 뜬 다섯 개의 달을 음미하는 여름 휴가가 인생을 바로 보게 하는 계기가 될 듯합니다.

인생은 사건의 연속

인생이라는 여정에는 끝없이 일이 생기게 마련인가 봅니다. 한 고비를 넘기는가 하면 또 한 고비가 찾아옵니다. 전셋집에 살 때는 조그마한 아파트라도 내 집만 마련하면 모든 시름이 다 없어질 줄 생각합니다. 그러나 곧 이어 병마가 찾아오기도 하고 직장에서의 진급 때문에 노심초사하기도 합니다. 자식이 공부를 잘하지 않아 걱정이 태산 같고, 부부간에 갈등이 심화되어 혼자 사는 스님들이 그렇게 부러울 수가 없을 때도 있습니다. 그럴 때 사람들은 낙담하고 자기의 불운을 속상해하기도 합니다.

그러나 인생이란 어차피 예기치 못한 사건의 연속입니다. 여기에는 한 사람의 예외도 없습니다. 권세를 누리며 넓은 저택에서 살고 있는 저 사람은 무슨 걱정이 있을까 하고 생각할지 모르지만, 정신질환을 앓고 있는 자식 때문에 집안에 수심이 가실 날이 없는 경우도 있습니다. 이렇게 누구를 막론하고 사건의 연속이 삶이란 것을 깨달을 때 인생을 바라보는 자세에 변화가 있는 것이 아닐까요. 이는 식사를 하는 것과 같다는 생각이 듭니다. 하루 세 번 먹는 밥을 지겹다고 여긴다면 어떻게 되겠습니까. 그것을 당연한 것으로 받아들이니 다른 문제가 생기지 않게 됩니다. 식사를 하는 것이 살아있다는 징표가 되는 것처럼, 사건이 생긴다는 것이 바로 살아있다는 증거가 되는 것입니다.

바닷가 모래성

여름 내내 그렇게도 북적거리던 바닷가가 차츰 한산해지기 시작하는 것을 보면 이제 여름 휴가도 끝이 나고 있는 모양입니다. 비단 갯가에서 자라지 않은 사람도 어릴 적에 여름 휴가차 찾은 바닷가에서 모래성을 만들던 기억은 다들 가지고 있을 것입니다. 동무들과 어울려 서로 자기의 모래성을 더 잘 만들겠다고 소리치며 경쟁하던 그 아련한 추억 말입니다. 그러나 정성스레 만들었던 모래성은 잘 만들어졌든 못 만들어졌든 해가 서산에 걸리고 초가집 굴뚝에서 저녁 연기가 피어오를 즈음 아이들이 떠나간 자리에 바닷물이 밀려오면 없어지고 맙니다. 그리고 비디는 옛 모양 그대로 출렁일 뿐입니다.

우리네 인생살이도 결국 바닷가에서 모래성을 쌓는 아이들의 놀이와 무엇이 다르겠습니까! 정성스럽게 만들었던 모래성이 파도에 없어지듯이 우리들이 일구었던 그 모든 것들이 죽음과 더불어 없어지고 맙니다. 그러나 우리들은 그 사실을 너무나 잘 알기에 도리어 무엇인가를 이루기 위하여 혼신을 다합니다. 파도에 스러지고 마는 그 모래성 속에 아이들의 성장이 있고 행복이 있듯이 비록 죽고 나면 없어질 허망한 것이지만, 그 속에서 인간은 성장하고 행복을 얻을 수 있기 때문입니다.

윤회

　파란 가을 하늘을 수많은 고추잠자리가 수놓고 있습니다. 날다가 지쳤는지 이젠 전깃줄에 나란히 앉았습니다. 저 잠자리들이 무슨 영화(榮華)를 보려고 이 세상에 태어나 저렇게 하늘을 날고 있을까 하는 바보 같은 생각이 듭니다. 자타카, 즉 석가모니 부처님의 본생담에는 부처님의 수많은 생애에 걸친 갖가지 보살행이 설해져 있습니다. 그 생애 가운데는 사람 몸뿐만 아니라 사슴이나 코끼리 같은 축생도 있고 하찮은 곤충도 포함되어 있습니다. 저 고추잠자리도 언젠가는 사람이 되고 마침내 부처님이 되지 말라는 법은 없겠지요.

　이렇게 말하면 혹자는 웃을지도 모르겠습니다. 어떻게 곤충이 환생하여 사람이 될 수 있느냐고. 그러나 있지도 않는 윤회를 부처님을 비롯하여 역대 조사스님들이 그렇게 강조할 리는 없는 것이지요. 요 근래 붐을 이루고 있는 윤회와 전생에 관한 번역서에도 몇 십 번을 환생한 사람들의 이야기를 기록하고 있지 않습니까. 그렇다면 우리들 역시 수많은 생애에 걸쳐 윤회를 거듭하여 지금 이렇게 살고 있는 것이 확실합니다. 그리고 그 생애마다에는 분명하게 그 생애에 하고자 했던 일들이 있을 겁니다. 그렇다면 지금 이 생애에는 무엇을 하고자 태어났을까를 생각하면서 하루하루를 소중하게 보내야 하지 않을까 여겨집니다.

예금계좌

　일도 많고 탈도 많은 것이 우리네 인생살이인 것 같습니다. 그리고 그 많은 일들 가운데 하나의 사건이 터질 때마다 며칠을 두고 신문의 사회 면을 장식하지요. 언젠가 매스컴 덕택으로 우리 국민들의 눈과 귀에 가장 깊숙이 들어왔던 말 중에 예금계좌 추적이라는 것이 있었습니다. 서민들로서는 상상도 할 수 없는 가명계좌의 수량과 거기에 들어있는 엄청난 액수에 어안이 벙벙해집니다.

　부처님께서는 인생이란 일회에 한정된 것이 아니라고 하셨습니다. 이 세상에 올 때도 전생의 업보(業報)로 왔고, 금생의 행위로써 다음 생을 받는다고 하셨습니다. 이제 금생에서 눈빛이 땅에 떨어져 저승을 향해 갈 때, 그래서 염라대왕 앞에서 업경대(業鏡臺)를 마주할 때 그 예금계좌는 오히려 큰 짐이 되겠지요. 눈에는 보이지 않는 사랑이라는 것이 인간을 얽어매듯이 눈에 보이고 손에 잡히는 것만이 있는 것은 아닙니다. 가끔은 저승 생활에 도움을 주는 나의 예금은 얼마나 될까 돌이켜 보는 시간도 가져야 하지 않을까 생각됩니다.

부처님의 수명

　남보다 오래 살고 싶다는 것은 모든 사람의 공통된 생각입니다. 그 동안의 의술은 바로 이러한 인간의 공통된 소망을 실현하기 위하여 끊임없이 노력했고, 그 결과 인간수명은 질병의 퇴치와 더불어 몇 십 년을 연장하게 되었습니다. 그렇지만 인간의 욕심이 평균수명 칠팔십에 만족할 수는 없겠지요. 어느 대학의 모 교수가 발표한 직업별 수명조사 연구가 비상한 관심을 모으고 있습니다. 거기에는 종교인이 작가보다 무려 18년이나 더 산다는 통계도 나와 있습니다.

　그러나 오래 산다고 무조건 좋은 것은 아니겠지요. 거기에는 인간다운 삶이 전제되어야 할 것입니다. 부처님은 원래 100세의 수명을 타고 나셨다고 합니다. 그런데도 주지하는 바와 같이 부처님은 80세를 일기로 열반에 드셨습니다. 『유교경』에는 "자기도 이롭고 남도 이롭게 하는 것이 법에 다 구비되어 있으니, 내가 비록 오래 머물러 있어도 다시 더 이익 될 것이 없느니라."라는 부처님의 마지막 말씀이 있습니다. 이 세상에 온 목적을 다 이루었으니, 이제 당신의 복덕을 중생들에게 남겨주기 위해서 스스로 20년을 빨리 열반에 들겠다는 말씀입니다. 중생을 위해서는 수명까지도 20년 줄이는 부처님의 자비가 우리들의 생명연장의 꿈에는 얼마나 내포되어 있을까요.

아귀

　경전에서는 중생이 윤회하는 세계가 여섯 갈래로 나뉘어져 있다고 합니다. 그래서 흔히 육도윤회라 말하곤 합니다. 바로 지옥·아귀·축생·아수라·인간·천상이라는 여섯 가지 세계입니다. 이 가운데 우리 중생인 인간이 눈으로 확인할 수 있는 세계는 축생계와 인간계뿐이기 때문에 나머지 세계는 부처님의 말씀을 그냥 믿고 이해할 수밖에 없습니다.

　그러나 그러한 세계를 직접 확인할 수도 있습니다. 예를 들어 아귀라는 중생은 우리 주변에서 얼마든지 볼 수가 있습니다. 벽화 같은 데서 보이는 아귀의 모습은 목이 바늘 구멍만하고 배는 황소 배처럼 큰 모습입니다. 그렇다고 모든 아귀가 그렇게 생겼다는 것은 아닙니다. 왜냐하면 아귀는 종류가 참으로 많기 때문입니다. 그 많은 아귀 중에 먹어도 먹어도 배가 부르지 않아 항상 배고파하는 아귀가 있습니다. 소위 만족할 줄 모르는 아귀지요.

　몇 개월 전에는 슬롯머신이라는 아귀가 신문지상에 자주 등장하더니, 요즈음 또다시 카지노라는 아귀가 세인의 이목을 집중시키고 있는 듯합니다. 슬롯머신이나 카지노로 돈을 번다는 것 자체가 아귀의 소행이라는 말은 아닙니다. 재물의 축적에만 혈안이 되어 만족할 줄 모른다면 몸은 사람이지만 마음은 아귀로 사는 것이 되고 맙니다.

장교 길들이기

　요즈음 우리 사회를 풍자하는 대표적인 것 가운데 한 가지가 '장교 길들이기' 라는 말이 아닌가 합니다. 나이 든 하사관이나 고참 병장이 갓 임관하여 부임한 초급 장교를 자기들 뜻대로 움직이게 하기 위하여 갖가지로 장교를 골탕 먹이고, 심지어 하극상의 구타까지 했다는 어느 군부대의 사건에서 비롯된 말입니다. 그러나 생각해 보면 이런 해괴한 말이 어디 군대라는 조직에만 국한된 것이겠습니까. 사업자는 재물로 공무원을 길들이고, 학원경영자는 상납금으로 교육청 인사들을 길들이며, 학부모는 촌지로 담임선생을 길들이고 있으니 말입니다.

　부처님께서는 '세상에서 가장 어려운 것이 자기 자신을 길들이는 일' 이라고 하셨습니다. 인간의 마음속에는 선과 악, 어둠과 밝음이 공존하고 있습니다. 때문에 잘못인 줄 뻔히 알면서도 거기에 빠지고 맙니다. 그리고는 다른 사람도 그렇게 하니 나도 어쩔 수 없다고 자기를 합리화하곤 합니다. 잘못된 소행인 줄 알았을 때 즉시에 그것을 고칠 수 있는 마음가짐이 자기를 길들이는 것이겠지요. 남을 길들이려고 하기보다 자신부터 길들이려는 노력이 앞설 때에 세상의 온갖 비리는 자연히 없어지지 않을까 여겨집니다.

세상이 풍성한 이유

　여름 내내 내리쬐던 햇빛 덕택인가, 아니면 오뉴월 햇살도 아랑곳하지 않던 농부들의 땀방울 덕택인가 들녘이 황금물결로 넘실대고 있습니다. 서울역 뒤편의 서부역에서 의정부를 거쳐 청량리로 향하는 교외선에 일없이 몸을 싣고 한가롭게 여행하기는 이때가 제격입니다. 이따금 바뀌는 옆 자리 승객의 얼굴이 어디선가 본 듯이 정겨워지고, 누런 황금벌판 저쪽으로 빨간 칠을 한 기와지붕 뒤쪽에 붙은 굴뚝에서는 어느덧 저녁연기가 피어오르기 시작합니다. 마치 한 폭의 수채화를 보는 것 같습니다.

　거기에는 세금횡령도, 살인사건도 발붙일 틈이 없습니다. 신문의 사회면에 나타나는 모습과 교외선을 타고 바라보는 모습은 이렇게 차이가 있습니다. 세상에는 악행에 물든 사람도 더러 있긴 하지만, 그러나 저 들녘마냥 그냥 편안하고 순한 사람들이 더 많습니다. 이렇게 순하고 착한 사람들이 더 많기에 세상은 이처럼 풍성해질 수 있는 것이지요. 만약 악행에 물든 사람들이 더 많다면 어떻게 이 세상이 이렇듯 평화로울 수 있겠습니까! 저 황금빛 가을 벌판에서 평범한 사람들의 자긍심을 생각해 봅니다.

인도의 걸인

　해외여행이 보편화되면서 외국의 성지순례도 일반화되는 추세입니다. 불자들이라면 당연히 인도를 성지순례의 첫 손가락으로 꼽습니다. 그 곳에는 2,600여 년 전의 부처님 숨결이 그대로 남아있기 때문입니다. 탄생에서 열반에 이르기까지의 부처님 생애를 더듬어가면서 우리들은 새로운 신심을 가지게 됩니다만, 한편으로는 성지마다 만나게 되는 어린 걸인들 때문에 곤혹스러울 때도 많습니다.

　그렇지만 자세히 관찰해보면 그 걸인들의 태도가 우리 나라의 걸인들과 다르다는 것을 발견하게 됩니다. 그들의 얼굴에는 비굴한 기색이 전혀 없고, 오히려 당당하기까지 합니다. 왜냐하면 인도의 걸인들은 그들 스스로 시주자에게 복을 지어주고 있다는 생각을 갖고 있기 때문입니다. 마치 『열반경』에서 말하는 "보살이 가난한 중생을 만나지 못한다면 자비심이 생겨날 기회가 없다."라는 법문 속에 자신이 자리하고 있다는 느낌이 들기조차 합니다. 가난한 중생이야말로 우리들로 하여금 자비심을 일으키게 하고, 그 마음이 마침내 성불의 씨앗이 되는 것이지요. 연말을 앞두고 이어지는 자선의 손길이 결코 자신의 우월감에 빠져서는 안 된다는 것을 인도의 걸인들은 말해주고 있습니다.

일의 순서

대도시의 교통난이 심각한 것은 어제 오늘의 일은 아닙니다만, 성수대교 붕괴 이후 한강에 있는 모든 다리에 대한 보수공사 때문에 교통체증이 전 서울을 덮고 있습니다. 신통력이 있으면 차를 타고 날아가고 싶은 생각까지도 나곤 합니다. 더구나 '자비의 전화'를 생방송으로 진행하는 저로서는 예기치 못한 교통체증을 만나게 되면 조바심을 치게 되고, 이런 뚱딴지 같은 생각을 가끔 하게 됩니다.

그러나 모든 일에는 순서가 있기 마련입니다. 아무리 바빠도 내 차가 남의 차를 뛰어넘을 수는 없는 것처럼 말입니다. 우리 속담에 "바늘허리 꿰어 못 쓴다."는 말이 있는데도 불구하고, 우리 나라 국민성 가운데 고쳐야 할 대표적인 것으로 '빨리빨리병' 즉 조급증을 꼽는 외국인이 많다고 합니다. 어쩌면 우리들은 옛날부터 조급증이 심했고, 결국 그 조급증이 이런 속담을 낳았는지도 모를 일입니다. 부처님께서도 『증일아함경』에서 "농부에게는 '오늘 씨앗을 뿌리니 내일 꽃이 피어주세요. 그리고 모래 과일이 수확되게 해 주세요.' 라는 신통력은 없다."고 말씀하고 계십니다. 무슨 일이든 순서를 밟지 않고 요행으로 빨리 처리하고자 하는 데 대한 경계의 말씀이 아닌가 합니다.

일미칠근

옛날부터 절 집안에는 '일미칠근(一米七斤)'이라는 말이 있습니다. 시주물인 쌀 한 톨을 먹고 수행을 게을리 하면, 그 과보가 일곱 근의 무게로 누른다는 말입니다. 승려들이 먹는 음식물은 모두가 자신들이 경작해서 수확한 것이 아닙니다. 그것은 신심 있는 신도들이 삼보(三寶)전에 올린 것이고, 그 이면에는 스님들이 수행을 잘하여 마침내 도(道)를 성취하여 자신들을 제도해달라는 원이 담겨져 있습니다. 그런데도 승려들이 그 시주물을 먹으면서 수행을 게을리 한다면 다음 생에는 얼마나 무거운 업보를 받겠습니까. 생각만 해도 온 몸이 오싹해집니다.

그러나 이 말은 결코 승려들이나 절에서 일하는 사람에게 한정된 것은 아닐 것입니다. 월급을 받는 사람이 직분을 태만히 하여 직장에 손해를 입힌다든가 공무원이 복지부동의 자세로 자신의 안일만 생각하여 국가를 어렵게 한다면 그 과보 또한 마찬가지가 아니겠습니까. 이 세상에서 공짜로 되는 일은 아무 것도 없습니다. 무엇인가 금생 아니면 멀리 전생부터의 인연이 있어서 그렇게 된 것입니다. 지금 자신에게 굴러들어 온 것이 결코 공짜가 아니라, 다음 생에는 반드시 갚아야 할 빚이라는 사실을 알아야 합니다.

과정과 결과

12월은 언제나 분주하고 들떠 있습니다. 올해는 특히 우리 주변 전체가 UR다, 쌀 개방이다 하여 예년에 비할 수 없을 정도로 심하게 소용돌이 치고 있습니다. 그렇다고 피해갈 수도 없는 우리 자신의 문제이기 때문에 그 안타까움은 한결 더합니다. 그러나 모든 문제는 결과 못지않게 그 과정이 중요하다는 생각이 듭니다.

『대지도론』에는 "세상 사람들이 복의 과보는 좋아하지만, 복이 오는 원인은 좋아하지 않는다."라는 말이 있습니다. 일의 과정은 생각하지 않고 결과에만 매달리는 인간의 얄팍한 생각을 꼬집은 말이 아니겠습니까. 이는 또한 우리 인생 전체를 살펴보아도 분명한 일입니다. 인생의 결과는 누구를 막론하고 죽음입니다. 누구나 맞이하는 죽음이라는 결과야 분명하지만 거기까지 가는 과정을 좀 더 아름답고 행복하고 풍요롭게 하기 위하여 노력하는 것이 인생이 아닙니까. 그런데도 우리들은 매사에 결과에만 의미를 부여하는 삶을 살고 있는 듯합니다. 무슨 일이든 그것을 해결하는 데는 성과보다 과정이 더 중요하다는 사실을 우리 모두가 염두에 두고 살 때 문제해결의 실마리가 찾아질 것입니다.

차나 한 잔 마시게

중국의 선승인 조주 스님에게는 유명한 법문이 많이 전해지고 있습니다. 그 가운데 대표적인 법문으로 '끽다거(喫茶去)' 즉 '차나 한 잔 마시고 가게나.' 라는 것이 있습니다. 조주 스님에게 누가 와서 무슨 법을 묻더라도 대답은 언제나 '차나 한 잔 마시고 가게나.' 였다는 데서 유래합니다. 불교의 진리가 먼 곳에 있는 것이 아니라 바로 차 한 잔 마시는 데 있다는 뜻일 것입니다.

사실이 그렇습니다. 생사대사가 큰일이긴 해도 아침에 일어나 세수하고 밥 먹는 그 속에 있습니다. 산다는 것이 결코 우리들의 일상생활 저편에 있는 것이 아니고, 행복이라는 것이 결코 저 푸른 하늘 너머에 있는 것은 아닙니다. 자기 집을 마련한 다음부터 인생이 시작되는 것이 아니고, 자식이 대학에 들어가고부터 인생이 시작되는 것은 더더욱 아닙니다. 절에 가서 스님들과 차 한 잔 하는 것이 바로 인생 그 자체입니다. 그래서 조주 선사는 그 깊은 도리를 그렇게 일러주고 계십니다. 그런데도 불구하고 우리들은 아침에 일어나서 저녁에 잠자리에 드는 그것 외에 달리 인생을 찾고 있지는 않는지 모르겠습니다. 차 한 잔 잘 마시는 것, 인생을 잘 산다고 하는 것입니다.

참회와 용서

　12월 12일, 참 말도 많고 탈도 많은 숫자가 아닌가 여겨집니다. 우리의 현대사에는 어떠한 사건을 숫자로써 그 상징성을 나타내는 일이 너무나 많지 않는가 하는 생각과 아울러 이제부터는 그 숫자에서 해방되고 싶다는 생각까지도 듭니다. 그러기 위해서는 먼저 그 숫자의 당사자가 된 사람들의 참회가 있어야 하지 않을까요.

　불교에서 말하는 참회(懺悔)란 죄를 뉘우치고 용서를 구하는 것입니다. 즉 참회는 뉘우침과 동시에 다시는 허물을 짓지 않겠다는 긱오가 깊이 있을 때 성립되는 깃입니다. 한편 침회의 빈대 개념으로 첨곡(諂曲)이라는 말이 있습니다. 상대방의 마음에 들기를 바라는 뜻에서 이치에 당치 않는 말을 하는 것을 첨이라고 하고, 이익을 위해서 경우에 따라서 이리저리 변하는 생각을 곡이라 한다는 두 말의 합성어입니다. 만일 허심탄회한 참회가 되지 않고 첨곡적인 언사로 용서를 구한다면 12월 12일은 영원히 우리들을 괴롭힐 것입니다. 그리고 진정한 참회에는 반드시 용서가 따르는 것이 참회의 근본취지입니다. 때문에 거기에는 우리 모두의 이해와 용서가 뒤따라야 할 것입니다.

내일의 의미

"제가 이 자비의 전화 진행을 처음 시작한 것은 4년 전이었습니다. 그러다가 지난해 4월에 종단 사정으로 잠시 쉬었다가 올 1월에 다시 진행을 맡았습니다. 이 모두는 청취자 여러분들의 큰 사랑과 성원의 결과라고 생각합니다. 그런데 이제 다시 여러분들과 불확실한 내일을 기약하면서 오늘로서 진행을 끝내야 할 것 같아서 작별의 인사를 드립니다."

위의 글은 제가 4년간의 불교방송 '자비의 전화' 진행을 그만두면서 한 말입니다. 말씀드린 것처럼 내일이라는 시간은 가장 불확실한 것인지 모르겠습니다. 요즈음처럼 예측 불가능한 시대에 내일을 기약한다는 것이 일견 얼마나 어리석은 짓인가 하는 생각도 해 볼 수 있습니다. 그래서 부처님께서도 오늘이 무엇보다도 귀중한 시간이라고 강조하고 계십니다. 그러나 역설적으로 그 불확실한 내일이라는 시간이 있기 때문에 우리의 삶에 희망이 있습니다. 만약 우리들에게 그 불확실한 내일을 기약할 수 없다면 하루도 살 수가 없을 것입니다. 한 해를 보내고 또 새로운 한 해를 기약하는 것도 마찬가지가 아니겠습니까. 가장 불확실한 내년이 우리들 앞에 기다리고 있다는 확신이 우리들로 하여금 섣달 그믐 밤에도 편안하게 잠들 수 있게 합니다.

은혜의 일 년

　오늘 아침 방송국으로 오다 보니 얼마 전까지만 해도 누런 벼 이삭으로 넉넉했던 들녘이 이젠 탈곡을 끝낸 볏짚만이 하얀 서리에 덮혀 있었습니다. 새삼 12월이라는 감회가 뇌리를 스치고 지나갔습니다. 달력을 통해서 인식하는 12월과 자연이 가르쳐주는 12월은 그래서 감흥이 다른지 모르겠습니다. 텅 빈 들녘은 우리들에게 지난 날을 회상케 합니다.

　이제 금년도 며칠 남지 않았습니다. 세모 밑의 발걸음은 누구를 막론하고 바쁘지요. 그러나 그 분주하고 바쁜 것이 망년회만을 위한 것이어서는 곤란하다는 생각이 듭니다. 역시 세모의 바쁜 발걸음은 은혜를 돌이켜보는 것이어야 하지 않을까 여겨집니다.

　『대지도론』에서는 "은혜를 앎은 대비의 근본이며 선업을 여는 첫 문이다."라고 설하고 있습니다. 삼보님과 가족과 이웃의 보살핌으로 우리의 삶이 있었다는 것을 알고 은혜에 보답하는 것이 선업을 여는 첫 걸음이 된다는 말입니다. 저 텅 빈 들녘처럼 마음 가운데서 온갖 시비선악을 비워버리고 오직 감사했다는 그 생각으로 은혜의 보답은 시작되는 것입니다. 감사한 그 마음에 보답하겠다는 생각이 생기고, 그것이 필경 우리들의 삶을 풍요롭게 하지 않나 여겨집니다.

제2장

함께 살아가는 세상

벚나무를 심은 사람들

　신도들과 함께 1박 2일로 남해 보리암을 거쳐 지리산 쌍계사를 참배할 기회가 있었습니다. 마침 벚꽃 철이라 화계장터에서 쌍계사로 오르는 길 양옆에는 이제 막 벚꽃이 흐드러지게 피고 있었습니다. 아름드리 나무에 절정을 이룬 벚꽃의 장관을 보면서 새삼 몇 십 년 전 그 나무를 심었던 선조들에게 감사한 마음이 들었습니다. 자기 생애에는 아름드리 나무에 핀 꽃을 볼 수 없다는 것을 뻔히 알면서도 벚나무를 심었던 그 마음에 말입니다.

　세상은 이렇게 자기 생애만 생각하지 않고 후손까지 염두에 두고 일을 하는 선조들이 있었기에 아름답게 유지되는 것입니다. 사찰 주변에 많이 있는 감나무나 오륙십 년이 넘는 중국의 보이차 혹은 백 년이 넘는 프랑스의 술들이 그것을 잘 말해주고 있습니다.

　그런데 지금 우리들은 어떠합니까? 혹 너무나도 눈 앞의 이익에만 급급해 하지는 않습니까! 지금 당장, 혹은 내 생애에만 이익이 되면 그만이라는 사고방식이 만연해 있지는 않습니까! 한탕주의가 판을 치는 오늘날의 우리들은 후손들에게 무엇을 줄 수 있을지 걱정이 됩니다.

선인과 악인의 차이

착한 사람과 나쁜 사람을 구별하기란 그렇게 간단하지가 않습니다. 그도 그럴 것이 선과 악에 대한 절대적인 판단이 매우 애매하기 때문입니다. 특히 종교적인 편견이 개입되면 선과 악의 개념은 더욱 혼란스러워집니다. 가령 모든 것을 인간 위주로만 생각하는 기독교에서는 동물의 살생을 당연한 것으로 여깁니다만, 일체 중생을 함께 생각하는 불교에서는 살생을 악행으로 취급합니다.

그 때문인지는 모르겠습니다만, 사람들은 자기에게 잘해주는 사람을 선인이라 하고 자신에게 못해주는 사람을 악인이라고 말합니다. 그렇다면 그러한 사람을 다른 사람들은 어떻게 평하겠습니까. 아마도 많은 사람들에게 나쁜 사람이라는 평판을 듣지 않을까 여겨집니다. 선인은 언제나 타인의 입장에서 모든 것을 생각하는 사람이라고 말할 수 있습니다. 따라서 자신의 경우만을 생각하면 다른 사람이 싫어하는 것은 자명하다 할 것입니다. 세상이란 더불어 살아가는 곳입니다. 때문에 타인의 입장에서 자신을 살펴보는 지혜가 있어야 하고, 그런 지혜가 있는 사람을 우리는 선인이라 합니다.

인품의 향기

　아무리 좋은 꽃향기도 바람을 거슬러 풍길 수는 없지만, 그러나 사람이 갖는 인품이라는 향기는 바람을 거슬러 어디에도 풍겨나가 다른 사람을 촉촉이 적셔줍니다. 그래서 지혜와 덕을 겸비한 사람의 향기는 언제나 우리의 주변을 밝게 비추고 주위를 따뜻하게 하지요. 불교에서는 이런 향기를 가진 사람을 보살이라 합니다. 원래 보살이라는 말은 석가모니 부처님의 성불 이전인 태자 시절, 나아가 전생의 수행자 시절을 표현하는 데서 시작되었지만, 대승불교가 흥기하면서 자신이 부처가 되어서 모든 중생을 제도하겠다는 서원을 가지고 깨달음을 구하고자 노력하는 모든 사람을 지칭하게 된 것입니다.

　그는 필요한 경우에는 언제라도 그의 최고의 지위에서 내려와 깨달음이 없고 번뇌에 차있으며, 업보에 묶여있는 다른 일체 중생들 속에 들어가서 그들과 생활을 함께하며 무엇인가의 방법으로써 그들을 이익되게 하는 기회를 얻으려고 합니다. 거기에는 출가나 재가 혹은 남녀노소의 구별이 있을 수 없습니다. 이파리 하나 걸치지 않은 낙엽송이 조금은 삭막함을 느끼게 하는 겨울이지만, 우리 모두가 참다운 보살로 그 곳에 있다면 추운 날씨가 구태여 문제되지는 않을 것입니다.

오늘 비난받는 사람

　사람은 내일을 살기 위하여 오늘을 사는 것이 아니라, 오늘을 살기 위하여 지금 살아가고 있습니다. 때문에 오늘 지금 순간이 인간에게 가장 중요하다고 할 수 있습니다. 그래서 부처님께서도『일야현자경』에서 "과거도 쫓지 말고 미래도 생각지 말라. 과거란 이미 버려진 것이고 미래는 아직 오지 않은 것이다. 다만 현재의 법을 낱낱이 잘 관찰하여 흔들리지도 말고 동하지도 말라. 잘 알아서 닦아 익혀라. 오직 오늘 할 일에 정성을 다하라." 고 말씀하고 계십니다.

　정치인에 대한 비난이 날로 거세지고 있습니다. 그렇지만 그들은 여·야를 막론하고 내일의 한국을 위하여 어쩔 수 없다고 억지 주장을 폅니다. 국내 굴지의 대기업이 오징어나 명태 장사를 하고, 화장품회사가 외제화장품 수입에만 열을 올린다고 여론이 들끓고 있는데도 변명만 늘어놓고 있습니다. 지금 당사자들에게 쏟아지고 있는 그 비난은 다시 보상받을 수 있는 성질의 것이 아닙니다. 어찌 정치인이나 일부 기업의 경영진뿐이겠습니까. 만약 부도덕과 비리로 우리가 오늘 많은 사람들로부터 비난을 받고 있다면 그 인생은 그만큼 불행한 것이라고밖에 할 수 없을 것입니다.

부끄러워할 줄 모르는 사람

인면수심(人面獸心)이라는 말이 있습니다. 겉으로 보기엔 사람이 분명하지만 그 마음은 짐승과 다름없다는 말입니다. 불교에서는 인간이 세상에 태어난 것은 탐욕심이 근본이 되어 있다고 말하고 있습니다. 때문에 지나친 애욕이든 물욕이든 명예욕이든 그것에 의해 잘못을 저지를 수도 있겠지요. 문제는 잘못을 범하고도 그것을 부끄러워할 줄 모르는 데 있지 않나 생각됩니다.

요즈음 우리 주변에는 사회 지도급 인사가 잘못을 저지르고도 자신의 허물을 부끄러워하기는커녕 오히려 당당해 하는 사람들이 많은 것 같습니다. 부처님께서는 『유교경』에서 "부끄러워하는 마음을 여의면 모든 공덕을 잃어버리게 된다. 부끄러워하는 마음이 있는 사람은 곧 착한 법을 가질 수 있겠지만, 부끄러워하는 마음이 없는 사람은 짐승과 다를 바가 없다."고 하셨습니다. 꼭 짐승과 같은 철면피한 행동을 했다고 인면수심의 인간이 되는 것은 아닙니다. 부처님께서는 오히려 철면피한 행동 뒤의 자세를 중요시하고 있습니다. 참회로 사람다운 사람이 될 수도 있고, 반대로 억지와 자기합리화로 짐승 같은 사람이 될 수도 있다는 말입니다. 부끄러워하는 마음을 여의면 모든 공덕을 잃어버린다는 부처님의 사자후가 더없이 그리워지는 시대입니다.

허물은 자기 탓

우리 나라 승용차 운전자 대부분이 "나는 교통법규를 잘 지키는데, 다른 사람이 지키지 않아 교통사고가 난다."고 대답했다는 한 여론조사 결과를 보고 착잡한 생각이 들었습니다. 만약 그렇다면 교통사고는 나지 않아야 하기 때문입니다. 비단 이 일뿐만 아니지요. 우리들은 매사에 잘못을 남에게 전가하고 있지 않은지 이 기회에 점검해 보고 싶습니다.

70년대에 유행한 노래 가운데 '그건 너'라는 대중가요가 있었지요. 사랑의 열병을 앓고 있는 젊은이가 연모의 대상인 그녀를 향히여 그 열병이 너 때문이라고 절규하는 노랫밀은 차라리 애교스럽게 보아 줄 수가 있습니다. 그러나 나에게 벌어지고 있는 모든 장애가 사회의 탓이고 누구 때문이라고 생각한다면 이보다 더 큰 착각은 없을 것입니다.

부처님께서는 매사에 자업자득(自業自得)이라고 하셨습니다. 금생이든 전생이든 스스로 지은 행위가 있었기에 그 과보를 받는다는 말입니다. 여기에는 부모가 지은 죄값을 자식이 받는 것도 용납되지 않고, 남편이 저지른 불행의 씨앗을 부인이 대신 받는 것도 있을 수 없다는 원칙이 있습니다. 철저하게 '모든 허물은 자기 탓'이라는 말입니다. 함께 살아가는 세상에서는 남을 탓하기에 앞서 자신을 돌이켜보는 지혜가 필요한 것입니다.

아카시아와 보통 사람들

어디를 가나 산기슭에 아카시아 꽃이 흐드러지게 피어 있습니다. 꽃이 어디 아카시아 꽃뿐이겠습니까마는, 5월 중순에 접어들면서 가장 눈길을 끌게 하는 꽃이 바로 아카시아 꽃입니다. 꽃 하나하나는 보잘 것 없는데 뭉쳐있는 모습은 은근한 맛을 주기 때문입니다. 아울러 아카시아 꽃을 대할 때는 언제나 자신을 내세우지 않으면서 묵묵히 자기 일을 다 하는 보통사람들을 생각하게 되기 때문입니다.

또한 잎 속에 묻혀 자태를 숨길 듯 말 듯 하면서도 진하게 향기를 주고 있는 아카시아 꽃을 보노라면 자기의 선행을 구태여 드러내지 않는, 그러면서도 이웃에게 이익을 주고 있는 숨은 불자들을 보는 것 같아서 더욱 정감이 갑니다. 사실 우리 주변에는 너무 잘난 척하는 사람이 많은 것 같습니다. 연말연시에 집중되고 있는 불우이웃돕기는 쥐꼬리만한 성금보다 사진 찍어 생색내기가 목적인 것 같습니다. 1,600여 년 동안 불교를 믿어온 우리 민족이 어쩌다 불교의 무주상보시(無住相布施) 정신을 이렇게도 송두리 채 잃어버렸는지 안타깝습니다. 아카시아 꽃은 특별히 자신을 내세우지 않으면서 열심히 봉사하는, 흔히 지나쳐버리기 쉬운 그 소중한 사람들을 생각나게 합니다.

동물이 뒤집어 쓴 누명

　몇 년 전 대학 수능시험 날인가 정전사고로 전철운행이 중단되어 큰 사회적 문제가 된 적이 있습니다. 그 때 관계기관에서는 정전사고의 원인이 까치 때문이라고 했습니다. 그러나 겨울철에 까치가 둥지를 만들지 않는다는 것은 구태여 조류학자가 아니라도 아는 사실입니다. 또한 얼마 전에는 한탄강 물고기 떼죽음에 이어 낙동강 하류에서 또다시 물고기 떼죽음이 있었습니다. 이번 낙동강 하류의 물고기 죽음에 관해서 관계기관에서는 홍수로 인한 수질의 산소부족이 그 원인이라고 발표했습니다. 그러나 홍수는 옛날에도 있었고 지난해도 있었습니다.

　동물이나 자연은 말을 하지 못하지요. 말을 하는 사람이 말 못하는 자연이나 동물에게 누명을 뒤집어 쉬운다면 이것이야말로 보통 일이 아닙니다. 그러나 이런 일들이 비단 조류나 자연에만 해당되는 일이겠습니까? 세상에는 유식한 사람도 있고 좀 덜 배워서 무식한 사람도 있습니다. 유식해서 세상물정에 밝은 사람이 그렇지 못한 사람에게 누명을 뒤집어 씌우는 경우도 종종 보게 됩니다. 얼마나 치사한 일입니까. 인격은 남에게 보이기 위한 것이 아니고, 자신을 위해서 갖추는 것이 아닐까요.

무재칠시(無財七施)

올 여름만큼 시원한 나무그늘의 고마움을 느낀 적이 없는 것 같습니다. 새삼 부처님께서 보리수 그늘 아래서 도를 이루셨다는 사실이 가슴에 와 닿습니다. 그러나 나무그늘이 그냥 생기는 것은 아니지요. 수년 혹은 수십 년 동안 자란 나무라야 그 아래에 쉴 만한 그늘이 생기게 됩니다.

우리들이 수행을 해서 다른 사람을 이롭게 하는 것도 마찬가지가 아닐까 여겨집니다. 수행의 연륜이 깊지 못한 사람은 작은 나무의 그늘이 적듯이 남에게 큰 이익을 주고 싶어도 생각만 있을 뿐 뜻과 같이 잘 되지를 않습니다. 따라서 나무그늘이 넓지 못한 것을 한탄하지 말고 우선 나무부터 키워야 하는 것입니다.

자신의 나무를 키우는 방법에는 여러 가지가 있을 수 있습니다. 그 가운데 가장 훌륭한 방법을 부처님께서 가르쳐 주셨습니다. 자신이 가진 것을 남에게 주는 보시가 바로 그것입니다. 이 보시에 무재칠시(無財七施)라는 것이 있습니다.

첫째는 신시(身施)라 해서 육체적 노력의 봉사입니다.

둘째는 심시(心施)로 자비심으로 대하는 것입니다.

셋째는 안시(眼施)로 따듯한 눈길입니다.

넷째는 화안시(和顏施)로 부드럽고 평화한 밝은 얼굴입니다.

다섯째는 언시(言施)로 따듯한 말이고,

여섯째는 상좌시(床座施)로 자리를 양보하는 것이며, 그리고 마지막이 방사시(房舍施)로 하룻밤 쉬어가게 하는 것입니다.

재물이 없다고 탓하기 전에 무재칠시로 자신의 나무그늘을 조금씩 넓혀가는 삶이 바로 수행이 아니겠습니까!

관견

　불교 술어에 관견(管見)이라는 말이 있습니다. 대나무를 잘라서 그것을 눈에 대고, 그 통속을 통하여 사물을 본다는 의미입니다. 즉 세상을 널리 알지 못하고 자기의 좁은 소견에 떨어져 그것이 전부라고 우기는 소인배의 견해를 불교에서는 이렇게 관견이라 하는 것입니다. 사람이 살아가는 데는 대소사의 여러 문제들이 발생합니다. 그리고 해결을 위한 갖가지 방법이 동원됩니다. 이 때 무엇보다 중요한 것은 관견으로 사안을 파악하고 해결점을 찾으려 해서는 안 된다는 것입니다.

　그렇다면 우리들이 이 관견에서 벗어날 수 있는 길은 무엇일까. 따지고 보면 우리들이 일상생활에서 봉착하게 되는 어려운 문제라는 것의 대부분이 사람과 사람 사이에 얽힌 것들입니다. 그리고 거기에는 탐욕심과 분노와 어리석음이라는 세 가지 중 하나가 도사리고 있습니다. 이 세 가지를 합해서 불교에서는 삼독(三毒) 혹은 삼구(三垢)라고 부릅니다. 인간을 해치는 독소이고 때라는 말입니다. 이 삼독이라는 대나무 통에 눈을 대고 있는 한 바깥의 모습은 보이지 않게 되어 있습니다. 따라서 모습을 감춘 채 자신 속에서 감언이설로 스스로를 유혹하는 더러운 때를 항상 눈여겨 살펴봄이 관견을 벗어나는 길이 되는 것입니다.

원증회고

　세상의 모든 사람이 좋은 사람, 사랑하는 사람, 상냥한 사람일 수만은 없습니다. 따라서 하루 24시간, 일 년 365일 가운데 항상 뜻에 맞는 사람만을 만나고 살 수는 없는 것이지요. 때로는 싫은 사람, 미운 상대와도 만나면서 살아야 합니다. 이것을 불교에서는 원증회고(怨憎會苦)라고 합니다. 원수진 사람, 결코 만나고 싶지 않은 사람을 만나면서 살지 않으면 안 되는 괴로움이 인간 세상에는 있다는 뜻입니다.

　그러나 비록 누구를 막론하고 원증회고는 있게 마련이고 피할 수 없는 것이긴 하지만, 세상에는 그러한 원증의 상대가 많은 사람도 있고 그렇지 않은 사람도 있습니다. 살인을 저지르는 어떤 부류는 자신보다 재산이 많은 사람은 무조건 증오의 대상이 되곤 합니다. 사정은 조금 다릅니다만, 자신보다 얼굴이 예쁘다고 해서, 자신보다 행복을 누린다고 해서 상대방을 미워하고 질시하는 사람들이 우리 주변에는 더러 있습니다. 그들에겐 감사하는 마음이 없기 때문입니다. 원증회고, 무엇 때문에 나는 다른 사람에 비해 미운 사람이 더 많을까 생각해 보는 것을 부처님은 가르쳐 주십니다.

천안통

　부처님이 얻으셨다는 여섯 가지 신통 가운데에 천안통(天眼通)이라는 것이 있습니다. 초인적인 능력으로 이 삼천대천세계를 손바닥 보듯이 볼 수 있는 신통력을 말합니다. 그래서 이 천안통은 다른 초인적인 능력과 더불어 보살이 갖추어야 할 덕목으로 열거되어 있습니다. 생각해 보면 이 천안통은 정말 매력적인 것임에 틀림이 없을 것 같습니다. 조용히 앉아서 세계 곳곳의 일들을 다 볼 수 있고, 천상세계나 지옥의 구석구석까지 볼 수 있다니 말입니다.

　그러나 중국 당나라 때에 생존했던 방거사는 "신통과 묘용이 물 긷고 나무하는 것이다."라고 당신의 깨달음을 노래하고 있습니다. 아침에 일어나 우물에서 물을 긷고, 그 물로 쌀을 씻어 어제 해 온 나무로 불을 지피니 밥이 되더라. 이보다 더 큰 신통이 어디에 있겠습니까. 신통이라는 것이 결코 인간 세상과 동떨어진 곳에 있는 것이 아니라고 이해하면 어떨까요. 따라서 천안통이라는 것도 그처럼 고원한 것에 있는 것만은 아닙니다. 자기 중심적인 집착으로 어떤 한계에 떨어지지 않고 세상을 널리 보며, 그것으로 이웃을 바른 길로 인도할 수 있다면 이것 또한 보살이 갖춘 천안통이 아닐까요.

명예욕

　부처님께서는 "인간에게는 다섯 가지 욕망이 있고, 그 욕망의 지나친 추구에 의해서 파멸의 구렁텅이에 떨어진다."고 하셨습니다. 성욕과 재물욕과 식욕과 명예욕 그리고 수면욕입니다. 이 가운데 명예욕이란 권력욕이라 바꾸어 불러도 좋을 듯싶습니다. 자질과 능력은 갖추지 않고 직위만을 탐내어 '내가 아니면 안 된다.'고 하는 욕심을 가리키기 때문입니다.

　그런데 이 명예욕은 여간 조심하지 않으면 거기에 빠지고 맙니다. 다른 욕심들은 눈으로 확인할 수가 있는데 명예욕은 형체가 없기 때문입니다. 가령 재물욕과 식욕은 객관적으로 평가를 할 수 있는 욕심들입니다. 그러나 명예욕은 객관적으로 평가할 수 없기 때문에 거기에 빠져있는 사람은 언제나 "단체를 위해서"라고 말합니다.

　그리고 이 욕망이란 것은 불만족성의 특징이 있습니다. 아무리 채워도 만족할 줄 모르는 속성입니다. 이제 그만하면 됐다고 생각했는데, 자고 나면 또 다시 더 큰 욕망을 불러오게 되는 것입니다. 그 까닭에 권력욕에 한번 사로잡히면 그것의 노예가 되기 쉽습니다. 대통령까지 지냈으면 더 바랄 것이 없을 텐데도 그보다 더 큰 권력을 행사하려다 실패한 사람들의 경우에서 우리 자신을 돌이켜봐야 할 것 같습니다.

재물욕

자고나면 새롭게 터져 나오는 사회 구석구석의 비리를 보면서, 이 사회가 무너져 내리지 않고 지탱되고 있다는 사실이 차라리 신기하게 느껴집니다. 그런데 그 각계각층의 비리를 들여다보면 거기에는 어김없이 재물의 축적이 도사리고 있습니다. 그래서 부처님께서는 『대승계경』에서 "차라리 큰 불구덩이에 들어갈지 언정 재물을 탐하지 말라."고 설하신 지도 모르겠습니다.

부처님께서는 일반 신도들을 향해서 재물을 갖지 말라고 하신 적은 없습니다. 단지 지나친 축재의 욕심이 인간을 파멸로 몰아감을 설파하셨습니다. 왜냐하면 재물은 사람이 살아가기 위한 수단으로써 꼭 필요한 것이기 때문입니다. 이것이 하늘을 나는 새나 땅을 기는 벌레와는 다른 인간 삶의 특징이기도 합니다. 더구나 추운 겨울을 견뎌야 하는 우리들의 입장에서는 더더욱 재물이 삶의 수단으로써 필요한 것입니다.

그러나 재물이 결코 인생의 목적이 될 수는 없습니다. 만약 재물이 인생의 목적이라면 죽어서도 그것이 자기 것이 되어야 하겠지요. 그렇지만 죽은 후에 재산을 가지고 갔다는 말은 없습니다. 그럼에도 불구하고 마치 재물이 인생의 목적인 양 그 획득에 전 생애를 건다면 그것이 바로 불구덩이에 뛰어드는 것이 아니고 무엇이겠습니까.

공(空)의 생활

우리들은 한 사람의 여자를 두고 그 호칭이 경우에 따라서 달라지는 것을 보게 됩니다. 남편에 대해서는 아내가 되고 자식에 대해서는 어머니가 되며, 부모에게는 자식이 되는 그런 경우 말입니다. 무슨 까닭에 이렇게 한 여자를 두고 호칭이 각각 달라지는 것일까요? 그것은 사람에게 어떤 실체적인 성품이 없기 때문입니다. 즉 사람이라는 존재가 바로 공(空)이기 때문입니다.

또한 한 여자를 대하는 사람들에 따라서 그녀에 대한 감정이나 평가도 달라집니다. 즉 남편이 보았을 때는 사랑스런 아내인가 하면 시어머니가 보았을 때는 미운 며느리가 될 수도 있습니다. 또 다른 사람이 보았을 때는 평범한 여자에 지나지 않습니다. 이 역시 그 여자에게 하나의 본질이 있는 것이 아니라 본성이 공이기 때문에 사람에 따라서 천자만별의 평가가 나올 수 있게 되는 것입니다.

여기서 우리들은 자신에 대한 혹은 타인에 대한 고정관념이 얼마나 근거 없이 생기는가를 알게 됩니다. 모든 사람은 본래 공이기 때문에 생각 여하에 따라서 무한의 변화를 할 수 있고, 그 변화된 자리에서 최선을 다할 수 있게 되는 것입니다.

만족할 줄 아는 사람

많다와 적다, 크다와 작다의 개념은 항상 상대적입니다. 부유함과 가난함도 마찬가지로 상대적 개념일 뿐 절대적인 부와 가난은 있을 수 없습니다. 이러한 상대적 개념으로서 부와 가난은 가령 10만 원짜리 수표를 두고도 알 수가 있습니다. 어떤 사람은 큰 액수라고 여기는가 하면 또 어떤 사람은 껌값 정도로밖에 여기지 않습니다. 그런데도 사람들은 부자의 개념을 재산이 많은 것에 두고, 거기에 행복이 있다고 단정해 버립니다.

그러나 과연 그럴까요. 부처님께서는 『유교경』에서 "만족할 줄 모르는 사람은 아무리 풍부해도 가난하지만, 만족할 줄 아는 사람은 비록 가난해도 풍부한 것이다."라고 말씀하고 계십니다. 하나의 탐나는 물건을 얻었다고 해서 욕망은 만족되는 것이 아닙니다. 얻은 그 순간은 잠시 만족감이 들겠지만, 곧 이어 새로운 탐심이 생기게 마련입니다. 그래서 부처님은 다시 "물질을 구해서 욕망을 만족시키려고 하는 것은 타고 있는 불을 풀 섶으로 끄려고 하는 것과 같다."고 말씀하십니다. 아무리 불 속에 풀 섶을 넣어 불을 끄려 해도 그것은 되는 일이 아니지요. 고뇌에서 벗어나는 가장 확실한 방법은 만족할 줄 아는 데 있다는 말입니다.

참음의 즐거움

부처님께서는 말법세상의 모습을 오탁악세(五濁惡世)로 말씀하고 계십니다. 다섯 가지의 혼탁으로 말미암아 세상이 점점 악하게 된다는 것인데, 이 가운데 중생탁(衆生濁)이라는 것이 있습니다. 너무나 많은 사람들이 같이 어울려 살고 있기에, 거기에는 이해득실을 염두에 둔 온갖 시비가 끊이지 않는다는 것입니다. 다른 환경, 다른 신분, 다른 마음을 가진 사람들이 코를 맞대고 사는 데서 온갖 까다로운 문제가 발생하여 인간의 한계를 잃어버리는 세상이 된다는 것입니다.

오늘날 우리 사회에서 벌어지고 있는 고소·고발과 집단파업 등은 그 예라고 할 수 있습니다. 특히 우리 나라의 각종 고소·고발 건수가 다른 나라에 비해 월등히 많다는 통계는 우리들의 마음을 착잡하게 만듭니다. 역시 중생탁의 한 증상으로 너 나 할 것 없이 휴머니즘을 상실하고 나아가 인간의 최소 양심인 수치심이 결여된 때문이 아닌가 생각됩니다.

원효 스님은 『발심수행장』에서 "일인(一忍)이 장락(長樂)"이라고 하셨습니다. 한번 참는 것이 오래오래 즐거움이 된다는 말입니다. 시비를 해서 이겼다고, 자신의 자존심이 영원히 계속되는 것도 아니고, 상대방의 원한심이 없어지는 것은 더욱 아닙니다. 시비를 가리기 전에 한번 참는 지혜가 있어야 할 것입니다.

조직사회와 개인

경전에 자주 등장하는 장자(長者)라는 말은 학식과 덕망과 재산을 고루 갖춘 사람을 칭하고 있습니다. 경전은 또한 그 장자들이 불법에 귀의함으로써 자신의 학식과 덕망이 더욱 빛남을 말해주고 있습니다. 이처럼 세상에는 학식과 덕망을 갖춘 이가 어느 조직에 들어가서 그 단체와 자신을 빛나게 하는 일이 많습니다. 개인의 역량이 단체나 조직을 통하여 힘을 발휘하기 때문입니다. 그러나 이와는 반대로 한 개인이 어느 조직에 들어감으로써 지금까지 추앙되던 이미지가 손상되는 경우도 종종 목격하게 됩니다. 국민에게 존경받던 학자가 어느 정당에 가입함으로써 학자의 양심을 의심받기도 하고, 사회운동가가 그 명성을 발판으로 정치를 하려다가 망신을 당하기도 합니다.

폭력적인 지하조직 말고는 나쁜 일 하자고 결성되는 단체는 없을 것입니다. 모두가 대의명분은 국가와 겨레와 사회를 위해서라는 깃발을 올립니다. 그러나 그 내막을 알고 보면, 몇몇 개인의 이익과 명성을 위해서 만드는 경우도 허다합니다. 우리들이 세상을 살아가면서 직간접적으로 어떤 단체나 조직에 가입하는 경우가 많은데, 입회하기 전에 이 점을 한번쯤 고려해 봄도 좋지 않을까 하는 생각이 듭니다.

패잔병이 대장을 만나면

사람이 살아가는 데는 보편적인 원칙이라는 것이 있습니다. 이 원칙이 지켜지지 않기 때문에 국가에서 강제적으로 만든 것이 법률이 아니겠습니까. 그렇다고 그 법률이나 원칙에만 치중하다 보면 본말이 전도되는 수도 가끔은 생깁니다. 여기에서 법의 운용에도 지혜가 필요하게 되는 것이지요.

『대지도론』에는 "패잔병이 대장을 만나면 살 수 있거니와 졸병을 만나면 죽게 된다."라는 말이 나옵니다. 전쟁터에서 적군을 죽이는 것은 병사의 의무입니다. 때문에 대장의 명령을 받은 졸병은 상대가 적군인 이상 패잔병도 죽이게 됩니다. 그러나 대장은 지혜로운 분별이 있기 때문에 경우에 따라서는 살려서 돌려보낼 수도 있게 됩니다.

더불어 살아가는 세상에서 우리네 삶도 마찬가지가 아닌가 생각됩니다. 패잔병이 졸병을 만나면 죽게 되듯이 자신에게는 엄격하되, 타인에 대해서는 대장이 패잔병을 살려주듯이 너그러움의 지혜를 가져야 하는 것입니다.

신중하지 않은 말의 과보

『오분률』에 귀불신언(龜不愼言)이라는 말이 있습니다. 옛날 어느 절 연못가에 두 마리의 기러기가 살고 있었는데, 이들은 연못에 살고 있는 거북이의 친구였다고 합니다. 어느 해 심한 가뭄으로 연못이 마르게 되자, 거북이를 살리기 위해 나무 막대기를 거북이가 물게 하고 막대기 양쪽을 기러기들이 물고 날아가기로 했습니다. 물론 막대기를 물고 있는 동안에는 절대로 말을 해서는 안 된다는 당부를 있지 않았습니다. 그런데 한참 날고 있는 사이에 동네 아이들이 나와 "기러기가 거북이를 물고 간다."고 비웃었습니다. 그러자 화가 난 거북이가 "너희들이 무엇 때문에 남의 일에 참견이냐."고 말을 하고 말았습니다. 물론 물고 있던 나무 막대기를 놓친 거북이는 떨어져 죽고 말았지요. 이를 일러 귀불신언이라 합니다.

오늘날 우리들은 정보의 홍수 속에서 살고 있습니다. 따라서 세상에는 설도 많고 말도 많습니다. 그 수많은 말과 설 중에는 다른 사람을 음해하고 모략하는 것도 많습니다. 확인되지 않는 소문을 농담 삼아 한 말이 타인을 궁지로 몰아넣을 수도 있고, 때로는 신중하지 않은 말이 자신을 죽일 수가 있습니다.

은퇴선언

노탐(老貪)이라는 말이 있지요. 나이 들어 늙으면 그만큼 세상을 살았기 때문에 세상 일에 어느 정도 달관하여 스스로 욕심을 버릴 줄 알아야 하는데, 오히려 나이 들어 욕심이 더 늘어나는 증세를 가리키는 말입니다. 이 노탐은 특히 재물욕과 명예욕이 강한 사람들에게서 많이 볼 수 있는데, 작금의 한국의 내로라하는 정치인을 보면서 저것이 노탐이구나 하는 것을 느낄 수가 있습니다. 그러나 비단 그들뿐이겠습니까.

부처님을 지칭하는 열 가지 호 가운데 여래(如來)라는 말이 있습니다. 신리 그대로 여여하게 오신 어른이라는 뜻입니다. 이 여래는 또한 여거(如去)라고도 합니다. 진리 그대로 여여하게 가신 어른이라는 뜻이지요. 오고 감이 법다운 어른이 곧 부처님이라 생각해도 좋을 것 같습니다. 황영조 선수의 은퇴 선언을 두고 많은 사람이 신선한 충격으로 받아들이고 있습니다. 그 동안 우리 사회에는 노탐 때문인지 가는 모습을 법답게 한 사람이 별로 없었는데, 이것에 대한 반향이 아닌가 여겨집니다. 여래와 여거가 같은 뜻으로 통하는 불교의 진리를 생각하는 하루가 되었으면 합니다.

존칭

　천주교 신자인 일본의 수상이 한국을 방문했을 때의 일입니다. 우리 김 대통령과 함께 경주에 있는 불국사를 예방한 일본 수상은 대웅전에 들어가 부처님께 예배를 드렸습니다. 그러나 안내를 한 김 대통령은 대웅전 앞에서 멀거니 쳐다만 볼 뿐 합장도 하지 않았습니다. 물어보지는 않았지만, 기독교 신자이기 때문에 그랬겠지요. 그렇다면 천주교 신자인 일본 수상은 왜 예배를 했을까요. 참으로 민망한 장면이었습니다. 어른에 대한 예의도 차릴 줄 모르는 대통령에 대해 한심한 생각이 들었습니다. 차라리 불국사에 가지나 말지.

　사정은 조금 다릅니다만, 존경할 만한 사람을 존칭으로 부르는 것은 교양인이 갖추어야 할 자세라고 생각됩니다. 그런데도 우리 주변에는 그렇지 못한 사람들이 더러 있습니다. 부처님을 부처님이라 부르지 않고 말끝마다 부처, 부처 하는데, 이 소리는 듣는 사람을 민망케 합니다. 때로는 석가모니를 석가라고만 부르는 사람도 보게 됩니다. 부처님 앞에서 합장하는 것이 자기 종교를 모독하는 것은 아닙니다. 부처님을 부처님이라 부른다고 해서 스스로가 낮아지는 것도 아니고, 석가모니를 석가라 부른다고 해서 자신이 높아지는 것은 더더욱 아닐 것입니다.

선비정신

우리 민족에게는 예로부터 '선비정신'이라는 것이 있었습니다. 일신의 부귀나 영달을 위해서 시류에 영합하는 것을 단호히 거절하고 하늘을 향해 부끄럽지 않는 삶을 사는 그러한 정신이 아닌가 생각됩니다. 선비정신은 언제나 옳은 것을 옳다고 말하고 그른 것을 그르다고 말합니다. 세상 사람들이 눈앞의 명예나 이익을 탐하여 옳고 그른 것을 분간하지 않고 덤벼들 때, 선비정신은 살아서 그 허망함을 깨우쳐 주었습니다. 그들은 또한 그 정신으로 그들의 이름을 욕되게 하지 않았습니다.

원래 선비에는 두 종류가 있었던 모양입니다. 첫째는 학문은 있되 벼슬을 하지 않는 사람이고, 둘째는 학문을 닦아 그것으로 정치를 하되 올곧게 처신한 사람입니다. 그런데 어찌된 일인지 요즈음에는 그러한 선비정신을 가진 사람을 만나기가 쉽지 않습니다. 세상이 너무나 혼탁해졌기 때문일까요. 학문을 정치에 입문하기 위한 수단으로 하는가 하면, 정치에 뛰어들어서도 시류에 영합함이 기성 정치인을 능가하니 말입니다. 선비가 선비정신으로 살려는 자세와 선비를 선비로 대접해주는 사회적 풍토가 아쉽기 그지없습니다.

청빈사상

　요 근래 우리 나라 독서계에서 청빈사상에 관한 서적들이 인기를 누리고 있는 가운데, 모 장관의 진퇴가 세인들의 관심을 모으다가 사퇴서 반려라는 수순을 밟았습니다. 그 장관이 비교적 청빈하다는 평을 들어왔기 때문입니다. 어떤 말의 개념이 시대의 흐름에 따라 변하는 것은 어쩔 수 없는 것이겠지요. 청빈이라는 말도 마찬가지가 아닌가 생각됩니다. 따라서 같은 청빈이라도 조선시대의 황희 정승 같은 청빈을 오늘날 요구할 수는 없을 것입니다.

　그러나 부처님께서는 『육도집경』에서 "차라리 도를 지키다가 빈천 속에 죽을망정, 도에서 벗어난 짓을 하여 부귀를 누려 사는 일이 없도록 하라."고 말씀하고 계십니다. 이 말씀에 의한다면, 청빈이란 재산의 많고 적음에 있는 것이 아니라 인간으로서 지켜야 할 도리를 다하는 것이라 할 수 있을 것 같습니다. 자신에게 잘못이 있다면 스스로 책임을 질 줄 아는 사람이 도를 지키는, 즉 인간답게 사는 사람이 아닌가 여겨집니다.

도시인의 무감각

　백담사를 다녀올 일이 생겨, 오랜만에 소양호의 상류인 인제 땅을 지나게 되었습니다. 언제나 그 곳을 지날 때면 반갑게 맞아 주던 물길이 지난 겨울부터 시작된 가뭄으로 그 곳의 선착장엔 없었습니다. 메말라 있는 호수를 보면서 새삼 느낀 것은 도시인들의 가뭄 무감각 상태였습니다. 수돗물만 나오면 농촌에 가뭄이 들었는지 어떤지에 관심이 없는 것이 현대 도시인들이지요.

　새삼 명절 때마다 보게 되는 귀성행렬을 생각하게 됩니다. 그렇게 많은 사람들이 고향을 시골에 두고 있는데도, 농촌에 가뭄이 들어 직물이 타죽고 있어도 짐짓 모른칙하고 있습니다. 아니 실제로 가뭄이 들었는지 어떤지를 모를 수도 있습니다. 시골의 논밭을 볼 겨를이 없는 도시인들로서는 신문이나 TV뉴스에 가뭄 기사가 나오지 않으면 가뭄 따위는 그냥 지나칠 수도 있기 때문입니다. 그렇다면 각종 언론에 종사하는 사람들은 어떠합니까. 그들 역시 농촌의 가뭄을 애써 외면하고 있지나 않는지 모를 일입니다. 대책도 없는 가뭄 소식에 시간과 지면을 할애하느니보다, 낚시터나 골프장의 소개가 더 신나는 일이라고 생각하는지도 모르지요. 보살이란 이웃의 아픔을 둘러보는 눈을 가지고 살아가는 사람들입니다.

솔직함의 힘

　얼마 전 선우도량 주최로 내한 중인 티베트의 둑빠 까규파 종정 드록첸 린포체를 초빙해서 사부대중이 모인 가운데 조촐한 법회를 가졌습니다. 이 자리에서 저는 드록첸 린포체에게 "전생에서 명을 다하고 난 후 금생의 몸을 받을 때까지 어디에 있었습니까?"라고 질문했습니다. 우리들이 막연히 알고 있기로는 티베트의 고명한 린포체들은 전생을 기억하는 것으로 되어있기 때문이었습니다.

　그런데 드록첸 린포체는 질의에 대한 답변으로 "전생을 전혀 기억하고 있지 못합니다."라고 솔직히 말했습니다. 그것은 지금까지 우리들이 환생자 린포체에 대해서 갖고 있던 잘못된 환상을 깨는 계기가 되었습니다. 또한 그의 솔직한 답변은 참석한 많은 사람들로 하여금 큰 감명을 받게 했습니다. 종교가 어느 정도 신비주의적 경향으로 흐르는 것은 자연적인 현상인지는 모르겠습니다. 그렇다고 신비주의적인 것에서 종교의 본질을 찾는다는 것은 본질이 전도된 것이라 할 수 있습니다. 그런데도 많은 사람이 종교에서 신비주의적인 것을 찾고, 일부 종교인이 애매모호한 표현으로 그것을 부채질하고 있습니다. 드록첸 린포체는 우리들로 하여금 종교적인 솔직함이 얼마나 큰 힘인가를 새삼 깨닫게 했습니다.

절복

　어느 해인가 부처님 오신날 아침에 조계사에 한 젊은이가 뛰어 들어와서 "주 예수를 믿어라. 마귀는 물러가라."고 소리치며 난동을 부렸습니다. 그것을 제지하는 신도들을 향해서 그는 또 "자비를 말하는 불교에서 왜 사람의 행동을 구속하느냐."고 항변했습니다. 그 소식을 전해들은 저는 "그 때의 자비는 몽둥이로 두들겨 패는 것인데, 왜 그냥 보냈느냐."고 나무랐습니다.

　이러한 일들을 우리들은 가끔 목격하게 됩니다. 절에까지 찾아와 스님들에게 특정 종교를 선교하는 무례한도 있습니다. 그 때미디 불지들은 지비리는 것을 내세워 묵빈대치히곤 합니다. 그러나 그것은 자비를 잘못 이해한 것입니다. 자비에는 어머니의 눈물어린 사랑과 함께 아버지의 '사랑의 매'가 같이 있기 때문입니다.

　『승만경』에는 "온갖 나쁜 짓과 갖가지 계를 어기는 사람을 보게 되면, 그대로 버려두지 않고 마땅히 항복받을 사람(折伏者)은 항복받고, 마땅히 거두어 들일 사람(攝受者)은 거두어드리겠습니다."라는 경문이 있습니다. 이른바 매로써 두들겨 패서 제도할 자는 그렇게 하라는 절복의 자비행을 밝힌 부분입니다. 자비라는 것이 무조건적인 관용과 용서에만 있지 않다는 것을 잘 보여주고 있습니다.

비명횡사한 개미

여름 날 산에 올라가 앉아 있는데 개미 한 마리가 허벅지를 물었습니다. 따끔한 순간 손바닥이 사정없이 개미를 내려칩니다. 개미는 죽으면서 '어디에서 이런 날벼락이 떨어져 내가 죽게 되는가?' 라고 하늘을 원망했습니다. 옆에 있던 개미가 그 모습을 보고는 집에 돌아가 다른 개미들에게 "오늘 모 개미가 비명횡사를 했다."면서 자초지종을 이야기했습니다.

개미의 입장에서는 사람의 허벅지와 손이 한 몸인 것을 알 수가 없습니다. 따라서 그들의 죽음이 날벼락에 의한 비명횡사일 수밖에 없습니다. 그러나 사람의 입장에서는 자기 허벅지를 문 개미를 자기 손이 때린 것일 뿐 결코 날벼락이 될 수는 없습니다. 단지 개미와 사람이 가지고 있는 인식의 한계가 거기에 가로놓여 있을 따름입니다.

우리들이 다른 사람을 인식하는 것도 마찬가지입니다. 부처님의 지혜에서 보면 동일체의 생명이 나누어져 있을 뿐인데, 그것을 알지 못하는 중생들이 각자 다른 몸이라고 여겨 서로 반목하고 질투하는 것일 따름입니다. 부처님의 동체대비(同體大悲)는 여기에서 출발하고, 너와 내가 한 몸임을 알게 합니다.

진실을 말하는 용기

우리 속담에 "모난 돌이 정 맞는다."는 말이 있습니다. 매사에 화합하지 못하고 제 잘난 척만 하는 사람을 경계한 말이라고 생각됩니다. 그렇다고 해서 물에 물탄 듯 술에 술탄 듯 그렇게 살라는 것은 아니지요.

부처님께서는 『보살본연경』에서 "차라리 진실한 말을 해서 적을 만들지언정, 비위 맞추는 말을 해서 친우를 만들지 말라."라고 말씀하고 계십니다. 또한 『기신론』에는 보살이 가져야 할 마음으로 직심·심심·대비심의 셋으로 나누고 있는데, 그 첫 번째인 직심이란 진실을 구히고자 하는 오롯한 마음을 말합니다. 다시 말하면 바른 것을 바르다고 말하고, 그른 것을 그르다고 하는 정신이라고도 할 수 있겠지요.

우리 인간 삶에는 어떤 사정 때문에 옳지 못한 것을 옳다고 말하고 옳은 것을 옳지 못하다고 말하는 경우가 종종 있습니다. 바로 이것을 일깨우는 법문들입니다. 우리가 불교 공부를 하는 이유가 바로 여기에 있습니다. 불교 공부가 바른 수행과 그렇지 못한 수행을 분명히 하여 참 불자로서 살도록 도와주기 때문입니다. 언제 어느 때든 옳은 것을 옳다고 말하고, 그런 것을 그르다고 말할 수 있는 사람이야말로 사람다운 사람이라는 생각이 듭니다.

대인관계

　가을이 깊어지고 있는데도 그 동안은 푸르렀던 잎들이 그저께 새벽에 내린 첫서리로 하루 만에 절반은 떨어진 것같이 보입니다. 미처 단풍으로 물들지도 못한 채 낙엽이 되어 바람결에 뒹구는 그 모습이 처량하기조차 합니다. 이처럼 만물은 어떤 결정적인 계기에 의해서 변화의 폭을 예상보다 크게 하는 모양입니다. 사람의 운명을 변화시키는 것도 그 계기는 첫서리에 우수수 떨어지는 저 푸른 잎마냥 순간적으로 벌어지는 일이 많습니다. 때로는 예견되어 있던 일이 현실로 다가오는 수도 있지만, 푸른 하늘에 날벼락처럼 사건이 발생하기도 합니다.

　그래서 우리들은 매사를, 그 가운데서도 특히 대인관계에서는 신중을 기해야 합니다. 별 생각 없이 조잘거린 한마디 말이 심한 상처를 줄 수도 있고, 무심코 한 행동이 남의 인생을 불행으로 치닫게 할 수도 있습니다. 잘난 사람이든 못난 사람이든 이 세상은 어차피 혼자서는 살 수 없는 곳입니다. 심지어 깊은 산중에서 홀로 수행하는 수행자까지도 예외일 수는 없습니다. 남이 상처 받을 수 있는 말이나 행동을 자제하고 삼가는 지혜가 너와 나를 살리는 길이 아닌가 생각됩니다.

남에게 양보하는 지혜

해마다 벌어지는 추곡수매가를 둘러싸고 올해도 예외 없이 정부와 농민단체 간에 설왕설래가 이어지고 있습니다. 생산원가에도 미치지 못하는 수매가를 받아들일 수 없다는 농민들과 정부 예산상 어쩔 수 없다는 정부 당국자의 주장이 평행선을 이루고 있다는 말입니다. 올해는 특히 이상냉해현상으로 쭉정이 벼가 많아 이 문제의 해결이 더 어려운 것 같습니다.

부처님께서는 『열반경』에서 "곧은 것을 남에게 양보하고 잘못을 이끌어 자기에게 향하게 하면 다툴 것이 없어진다."고 설하고 계십니다. 물론 정부와 농민단체가 다투고 있다고는 말할 수 없겠지만, 이 일을 지켜보고 있는 국민들로서는 여간 신경 쓰이는 일이 아닐 수 없습니다. 설날이나 추석에 시골로 향하는 그 많은 귀성차량 행렬에서 우리들의 뿌리가 어디인지를 알 수가 있지요. 국민의 70% 이상이 불과 30여 년 전에는 시골에서 태어나 농삿일을 했으니 어찌 국민 전체가 관심과 우려를 하지 않을 수 있겠습니까. 부처님의 말씀처럼, 곧은 것을 상대방에게 양보하고 잘못을 자기 탓으로 돌리는 지혜 속에서 원만한 해결을 보았으면 하는 바람이 간절합니다.

판가름의 유보

어느 날 인도철학 강의시간에 교수님이 말씀했습니다.

"극락세계가 왜 서방에 있다고 했는지 압니까? 더운 인도에서 해가 서쪽으로 지고 나면 시원해지니까 좋은 국토는 서쪽에 있는 것이라고 생각한 것에서 그렇게 된 것입니다."라고.

그로부터 많은 시간이 지난 지금도 저는 그 교수님의 말씀을 확인해 보지 않았습니다. 그럴지도 모른다는 생각과 극락세계에 대한 부처님의 말씀 사이에서 갈등이 계속되었기 때문입니다.

또한 일본 유학시절 반야학(般若學)을 전공하던 저와 정토학(淨土學)을 전공하던 도반과는 많은 논쟁을 하곤 했습니다. 정토사상은 불교의 방계사상에 불과하다는 저의 생각 때문이었습니다.

세상을 살아가는 데는 의견대립으로 인한 갈등이 없을 수 없습니다. 가정적으로는 부부간의 갈등, 고부간의 갈등, 형제간의 갈등 등이 우리를 힘들게 합니다.

그러나 이렇게 우리들의 일상생활에서 벌어지는 의견의 대립에 그 옳고 그름이 확연히 판가름나는 것은 그렇게 많지 않습니다. 그리고 옳고 그름을 분명하게 판가름할 수 없는 사안을 가지고 언쟁을 계속해 보아야 아무런 소득이 없습니다.

즉 세상에는 어떤 일에 결말을 내지 않고 유보해 두는 지혜도 필요한 것입니다. 마치 반야사상과 정토사상이 서로 융화될 수 없는 것이면서도 함께 불교라는 이름으로 존재하듯이 말입니다.

때로는 서로 인정하고 덮어두는 삶에 평화가 깃든다는 말입니다.

제3장

우리 민족 우리 이웃

개천절 유감

　개천절, 바로 제석천의 손자이신 단군성조께서 우리 나라를 세운 날입니다. 우리 민족 반만년의 역사는 이날로부터 시작되었다는 것입니다. 『삼국유사』에는 그 때의 일을 소상하게 기록하고 있는데, 이제 그 내용을 약술하면 이렇습니다.

　"환인(제석천)의 서자 환웅이 항상 천하에 뜻을 두고 인간 세상을 탐내거늘, 아버지가 아들의 뜻을 알고 태백산에 내려가 세상 사람들을 다스리게 하였다. 뒤에 환웅은 웅녀와 결혼하여 아들을 낳으니 이름을 단군왕검이라 하였다. 왕검은 평양성에 도읍하고 조선이라 했다."

　그런데도 우리 주변에서는 언제부턴가 단군성조의 개국과 그에 따른 개천절의 의미를 축소하려는 사람들이 보입니다. 심지어 단군성조의 개국 그 자체를 허구화하려는 움직임까지 보이고 있습니다. 도대체 그 사람들은 어느 민족인지 묻고 싶습니다. 자기 종교를 위해서 국조(國祖)까지도 부정하는 그러한 사람들 말입니다. 따지고 보면 삼일절이나 광복절과는 비교할 수 없을 정도로 개천절의 의미는 크다고 할 수 있습니다. 한민족의 긍지가 이날로부터 시작되기 때문입니다. 개천절 행사에 국가원수가 참석하는 세월이 오기를 기원해 봅니다.

큰절과 악수

　사람과 사람 사이에 예의를 차리는 방법으로 가장 기본적인 것이 서로 인사하는 것이 아닌가 생각됩니다. 이 인사법이 지역에 따라 민족에 따라 크게 다른 것을 우리는 보게 됩니다. 서로 포옹하는 인사법이 있는가 하면, 두 뺨을 서로 비비는 인사법도 이젠 그렇게 어색해 보이지 않습니다. 그렇지만 우리 민족의 인사법은 큰절을 하는 것입니다.

　그런데 해방 후 전쟁을 겪으면서 우리들은 우리 민족의 인사법을 도외시하고 별로 바람직스럽지도 않는 서양 인사법인 악수를 아무 비판 없이 일상화시켰습니다. 물론 사회적인 환경이 일상생활에서 일일이 큰절을 할 수 없게 만들었고, 악수가 간단하고 편리할 수도 있습니다. 그러나 이젠 우리 민족의 절하는 인사법을 찾아야 할 때가 온 것 같습니다. 거리에서 만났을 때는 예외로 하더라도 방 안에서의 인사에는 큰절하는 인사법을 생활화할 때가 온 것입니다. 그런 의미에서 설날은 아이들에게 절하는 것을 가르칠 수 있는 좋은 기회가 아닌가 여겨집니다. 민족의 인사법인 절을 하지도 않으면서 애국 운운 하는 것은 어불성설이지요.

진정한 한국인

　근년에 들어 눈에 띄게 변화된 사회현상 가운데 하나로 우리 것을 찾자는 운동이 있습니다. 풍물패의 신명나는 가락이 도처에서 들리고, 예부터 내려오던 단오절 행사인 마포나루 굿이 재연되기도 합니다. 십여 년 전만 하더라도 말로만 듣던 절기 행사가 비로소 제자리를 찾는 것 같아서 흐뭇합니다.

　그러나 한편으로 생각하면 우리 것을 찾자는 것이 너무나 외형적인 것에 치중되어 있는 것은 아닌가 하는 우려도 생깁니다. 우리의 문화나 종교 등 정신은 송두리째 서구문명에 바치고, 겉껍데기만 찾고 있지는 않는지 돌이켜보고 싶다는 말입니다. 우리 가옥은 민속촌에서나 볼 수 있고, 성황당은 미신이라는 얼토당토 않는 말을 붙여 없애버렸습니다.

　백중은 돌아가신 조상님을 천도하는 날이기도 하지만, 효의 정신이 어떠해야 하는가를 가르치는 날이기도 합니다. 그런데도 우리들은 백중을 버리고 미국의 어머니 날을 어버이 날로 정하여 효도를 가르칩니다. 마치 우리 고래의 종교를 믿으면 시대에 뒤떨어진 사람 취급하는 몹쓸 사람도 심심찮게 볼 수 있습니다. 진정한 한국인이란 먼저 정신적으로 한국인이 되는 것이 아닐까요?

우리 음식

　미국 애틀랜타 올림픽 선수촌의 공식메뉴로 우리 김치가 일본의 '기무치'를 누르고 선정되었다는 오래전 뉴스가 기억납니다. 또한 국제적인 체인호텔인 웨스틴이 공식적으로 사용하는 요리책에 한국 요리인 된장찌개·떡국·삼계탕·돌솥비빔밥·갈비구이 등이 수록되어 있다고 합니다. 너무나 당연한 일을 가지고 무슨 호들갑이냐고 반문할 사람도 있을지 모르지만, 그러나 여기에는 많은 의미가 담겨져 있다는 생각이 듭니다.

　그 중의 하나가 가장 한국적인 것이 가장 국제적인 것이어서 우리 음식이 세계인의 음식이 되었을 때 세계 최고가 된다는 사실이고, 다른 하나는 국제화·세계화가 우리 것을 살리는 일에서 시작되어야 한다는 것입니다. 아울러 우리 음식인 된장이나 김치를 싫어하는 요즈음의 어린이들이 우리 음식을 새롭게 인식하는 계기가 되었으면 합니다. 한국인이 김치 냄새를 아무리 싫어해도 서양 사람이 될 수는 없기 때문입니다.

문화적인 예속

　중동의 분쟁이나 체첸과 러시아의 유혈충돌은 우리들로 하여 금 많은 생각을 하게 합니다. 그 중에 하나가 "다른 것에 종속되는 것은 전부가 괴로움이고, 자유는 모두가 즐거움이다."라는 『자설경』의 말씀입니다. 어떤 힘에 종속되어 산다는 것이 원천적인 괴로움이기 때문에 그것을 극복하기 위하여 그들은 하나밖에 없는 목숨을 버리면서까지 싸우고 있는 것입니다. 이러한 일을 우리 민족도 일찍이 일제 강점기에 경험했습니다.

　그러나 다른 것에 종속되어 괴로움을 당하고, 자유를 얻어 즐거움을 누리는 것이 어찌 힘에 의한 국토의 유린뿐이겠습니까. 지금 세계적으로 문제가 되고 있는 문화적인 예속도 마찬가지겠지요. 포크와 나이프를 사용하는 문화가 숟가락과 젓가락을 사용하는 문화보다 우월한 점은 없습니다. 그런데도 서구인들이 젓가락질을 못하는 것은 당연히 받아들이고, 우리들이 나이프 사용법을 모르는 것을 수치로 생각합니다. 아직도 맨손으로 식사를 하는 사람들이 전 세계 인구의 40%를 차지한다고 합니다. 그렇지만 그 40%의 사람들이 그들의 식사법을 부끄럽게 여긴다는 말은 듣지 못했습니다. 왜 우리 민족만이 문화적인 예속을 대수롭지 않게 생각하는지 알 수가 없습니다. 정신을 차리고 세계를 바라보아야 할 것 같습니다.

전통문화 정책

대전 엑스포 개막식이 있던 날 광주에 있는 국립박물관에 다녀올 기회를 가졌습니다. 관람순서상 신안 앞바다 유물인 도자기들을 먼저 보게 되었는데, 그래서 그런지 고려청자 앞에서는 그 뛰어난 색채에 흥분을 감추지 못했습니다. 그러나 조선시대의 백자 앞에서는 차라리 분노가 일었습니다. 청자에 비해서 조잡스런 백자를 보고, 한 정치세력이 이렇게도 민족문화를 퇴화시킬 수 있다는 사실에 새삼스레 놀란 것입니다.

근년에 들어 일각에서는 문화정책이 소홀하다는 푸념이 높아지고 있습니다. 해마다 있는 대통령의 연두기자회견에시는 기조연설에서 전통문화에 관한 내용을 찾아볼 수 없고, 그렇다고 문화정책에 대한 기자들의 질의라도 있는가 하면 그렇지도 않습니다. 온통 정치와 재산에 관한 것뿐입니다. 이렇게 하다가는 100년, 200년 뒤에 후손들은 지금 우리들에게 무엇을 남겨주었느냐고 항변할지도 모를 일입니다. 첨단과학이 생활을 편리하게 하고, 한편으로 우리들을 물질적으로 잘 살게 하는 것은 틀림없습니다. 그러나 산다는 것이 먹고 마시고 노는 데만 있는 것은 아니지요. 대전 엑스포가 행여 민족의 전통문화를 홀대하는 좋지 못한 계기가 되지 않도록 국민 모두가 관심을 기울여야 할 것 같습니다.

서양종교와 제사

이 지구상에 살고 있는 모든 민족의 대다수가 그들의 문화와 전통을 가지고 있습니다. 그리고 전통과 문화는 다른 민족의 그것과 질적으로 우열을 논할 수는 없습니다. 그런데도 서구문명은 다른 민족의 문화를 업신여기는 못된 습성을 가지고 있는 듯합니다. 그 중에서도 특히 종교가 심한 편입니다. 그 결과로 아직도 서양종교를 믿는 많은 사람들이 우리의 제사 지내는 풍습을 미신이라고 매도하고 있습니다. 서양 사람들이 주장하는 그들 문화의 우월성을 우리들 스스로 인정하고 찬양하는 대표적인 사례입니다.

원래 사막에서 출발한 기독교는 처음부터 돌아가신 조상에 대한 숭배사상이 없었습니다. 그들은 끊임없는 사막의 유랑생활에서 돌아가신 부모를 매장하고 나면 그것으로 모든 것이 끝이었습니다. 이에 반해 불교와 유교는 농경사회에서 출발했습니다. 돌아가신 조상의 묘소와 이웃해서 함께 살았습니다. 당연히 기일이 되면 제사를 올리고 조상의 음덕을 기렸습니다. 따라서 두 문화에는 질적으로 우열이 있을 수 없는데도 제사 지내는 것을 열등한 문화로 취급하는 우리들의 이웃이 있으니, 한심한 일이 아닐 수 없습니다. 이러다가는 급기야 숟가락질 하는 한국인을 우리 스스로 야만인이라고 하지 않을까 염려됩니다.

차례상과 자몽

불광사에서 소임을 살고 있을 때였습니다. 가끔 부처님 전에 놓여있는 헌공과일에 자몽을 비롯한 외국산 과일들이 눈에 띄었습니다. 그래서 총무스님한테 외국산 과일을 부처님 전에 올리지 말라고 말해주었습니다. 총무스님은 국산과일 종류가 많지 않아서 그랬는데 앞으로는 우리 과일만 올리겠다고 대답했습니다.

조계종에 개혁회의가 출범하고부터 우리 불교계에 여러 가지 신선한 바람이 불고 있는 가운데, 얼마 전에는 부처님 전에 올리는 과일을 우리 농산물로 하라는 공문이 각 말사에 하달되었습니다. 그 성과가 얼마나 나타났는지는 확인해 보지 않았지만, 그래도 불교야말로 우리 민족의 종교라는 생각이 들었습니다. 추석을 앞두고 절 집안뿐만 아니라 가정에서도 차례 모실 과일을 준비하겠지요. 제가 너무 고루해서 그런지는 몰라도 부처님 전에, 혹은 조상님 차례상에 외국산 과일은 올린다는 것이 마치 큰 잘못을 저지르는 것 같은 생각을 금할 수 없습니다. 이것이 또한 우리 농촌을 살리는 길이고 애국하는 길이 되지 않는가 여겨집니다.

국적 있는 교육

　해방 후 지금까지 우리의 교육은 국적 없는 것이라는 비판을 받아왔습니다. 무분별한 서구사상 일변도의 교육정책이 빚어낸 결과가 우리들의 혼을 없앴기 때문입니다. 물론 여기에는 여러 가지 원인이 있었을 것입니다. 우선 해방 후에 문교정책을 입안 했던 대다수 사람들이 미국에서 유학하고 돌아온 인재들이어서 배운 것이 서구사상뿐이었다는 것을 들 수 있습니다. 그들은 얼굴만 한국인이었지 정신은 미국사람이었습니다. 다음으로 여기에 미국 특유의 종교를 앞세운 문화식민지 정책이 있었을 것입니다. 이러한 일련의 상황이 해방 후 50년 넘게 계속되었습니다.

　다행히 문화체육부는 이번에 초 · 중등음악교과서의 국악비율을 현재의 20% 미만에서 40~50%로 올리는 내용을 골자로 한 '초중등학교 국악교육 개선안'을 마련하여 발표하였습니다. 지난 세월에 국악교육을 받은 선생이 흔하지 않아 교육효과가 얼마나 있을지 걱정되지 않는 바는 아닙니다만, 그래도 시작이 절반이라고 하지 않았습니까. 비록 음악이라는 한 분야의 교육 개선안이지만, 이것이 우리 민족의 혼을 다시 일깨우는 한 계기가 될 것입니다. 아울러 이러한 국적을 찾는 교육이 문교정책 모든 분야에서 이루어지길 기대해 봅니다.

더 가진 사람, 덜 가진 사람

언제부턴가 우리들은 어느 특정 집단이나 부류 뒤에 붙이는 말에 '족'과 '파'를 사용하고 있습니다. 그런데 이 두 말의 어감은 서로 극과 극을 달리는 듯합니다. '지존파, 막가파'에서 알 수 있듯이 '파'는 음지의 집단을 묘사하고, '족'은 '오렌지 족, 야타 족'에서 보듯 양지의 부류를 말할 때 사용하곤 합니다. 그렇게 큰 여론을 형성하지는 못했지만, 한 때 '가누 족'이라는 것이 언론에 나타나곤 했습니다. '가지고 누리는 부류'라는 뜻으로 부정으로 축재한 부자들을 싸잡아 부른 이름이었습니다.

사실 우리들에게 재산이 많고, 그래서 생활이 너너하다는 것은 여간 행복한 것이 아닙니다. 그런데 그 행복감의 이면에는 생활의 편리함과 아울러 자기보다 못한 사람들을 도울 수 있는 기쁨이 있지 않는가 생각됩니다. 세상살이란 좀 더 가진 사람이 덜 가진 사람을 돕는 것이 순리 아니겠습니까. 그런데도 일부 백화점이나 사업하는 사람들이 수입농산물을 우리 것이라고 속여서 판다고 합니다. 이러한 행위는 더 가진 사람들이 덜 가진 농촌 사람들을 돕는 것이 아니라, 빼앗고 괴롭히는 것이 되는 것이지요. 남을 괴롭히는 데서 기쁨을 느끼는 이는 사람이기를 포기한 것이고, 그것은 또한 부처님께서 말씀하신 보시와는 거리가 아주 먼 악행입니다.

친족의 그늘

　석가모니 부처님 당시 코살라 국의 비유리 왕이 부처님의 모국인 카필라 국을 침공한 적이 있었습니다. 이 소식을 접한 부처님께서는 비유리 왕이 침공하여 오는 길목에서 그늘이 없는 나무 밑에 앉아계셨습니다. 이 괴이한 모습을 본 비유리 왕이 부처님께 그 이유를 여쭈었습니다. 그러자 부처님은 "친족의 그늘은 다른 나라 것보다 더 시원하다."고 대답하셨습니다. 이 대답을 들은 비유리 왕은 카필라 국의 침공을 포기했고, 부처님은 모국을 구할 수 있었습니다.

　광복 48주년을 앞두고 독립유공자 다섯 분의 유골이 중국에서 봉환되어 참배의 발길이 이어지고 있습니다. 그분들이 국가와 민족을 위해서 목숨을 바친 이유는 독립에 있었습니다. 못 먹고 못 살아서가 아니라, 우리 민족이 일제의 식민지로부터 독립한 나라에서 살기 위해서 하나밖에 없는 목숨을 바쳤습니다. 강토를 찾는 것이, 땅만 찾는 것이 아니라 문화적으로 '국적 있는 국민'으로 살 수 있기 때문이었습니다. 그런데 지금 우리들은 과연 정신적으로 국적 있는 국민이 되고자 하는지 반성해 보고 싶습니다. 친족의 그늘은 시원하다는 부처님의 말씀은 2,500년 전의 말씀이 아니라 지금 우리들에게 하신 말씀입니다.

민족 분단

　백두산으로 가기 위해 중국 길림성의 장춘을 떠나던 날, 종일 안내를 맡았던 안내원의 마지막 말이 "오늘 관광을 승리적으로 마쳤다."는 것이었습니다. 아마 그곳 교민들은 성공이라는 말 대신에 북한처럼 승리라는 말을 쓰는 모양입니다. 이 말에 우리 일행은 모두 웃었습니다. 그러나 통일의 그날 우리들은 어떤 일을 성공적으로 마쳤다고 해야 할지 아니면 승리적으로 마쳤다고 해야 할지 걱정이 생깁니다.

　우리는 너무나 오랜 세월 동안 단절 속에 살아왔습니다. 부모와 자식간에 혹은 부부나 형제간에 생이별을 하고 생사조차 모른 채 고통의 세월을 살아왔습니다. 이러한 이산가족의 아픔이야 어디 말로써 할 수 있겠습니까. 다른 어느 민족보다 귀소본능이 강한 우리들로서는 고향을 다시 볼 수 없을지도 모른다는 생각이 그 아픔을 더합니다. 그러나 실향민이면서 이산가족인 그들의 아픔보다 더한 아픔이 우리 민족 전체에 있습니다. 다름 아닌 민족의 동질성에 금이 가고 있다는 사실입니다. 형제가 서로간에 남남이 되어가고 있다는 사실입니다. 형제가 살아있다는 것도 중요한 것임에 틀림이 없지만, 형제간에 의기투합할 수 있는 점도 중요하기 때문입니다.

중생의 은혜

　설악산에 단풍이 들기 시작했다는 소식과 함께 유난히 고추잠자리가 눈에 많이 들어옵니다. 마치 곡예비행을 하는 비행기처럼 묘기를 뽐내며 날고 있습니다. 『심지관경』에는 "부모의 은혜, 중생의 은혜, 국가의 은혜, 삼보의 은혜"를 네 가지 은혜라고 말하고 있습니다. 이 가운데 중생의 은혜를 흔히들 나를 둘러싸고 있는 다른 사람들의 은혜라고 말하고 있습니다만, 그런 것 같지는 않습니다. 오히려 일체 생류의 은혜라고 말해야 할 것 같습니다. 지금까지 인간이 가졌던 신본위의 사상이나 인간본위의 사상을 뛰어넘어 일체 중생본위의 사상을 설하는 것이라고도 할 수 있겠지요. 유난히 많은 올해의 잠자리가 우리들의 삶을 여유롭게 해주는 것이 그 증거가 아니겠습니까.

　어느 한 가지 생물인들 어찌 인간 삶과 무관한 것이 있겠습니다. 아니 생물뿐만 아니지요. 우리를 둘러싸고 있는 일체 현상, 즉 산하대지와 풍우설상(風雨雪霜) 등이 모두 우리 인간의 삶과 밀접한 관계를 가지면서 우리들에게 은혜를 주고 있지요. 우리의 이웃인 다른 중생의 생명에 고마움을 깨달아야 할 때가 온 것 같습니다.

동짓날 쌀 건대

　동짓날입니다. 여러분들은 동지건대라는 것을 알고 계신지 모르겠습니다. 동지를 며칠 앞두고 각 사찰에서는 신도들에게 동지건대라는 봉지를 나누어줍니다. 그러면 신도들은 동짓날 그 건대에 쌀을 담아 부처님 전에 올리고 새롭게 열리는 한 해를 부처님 위신력 속에 살아지기를 발원하게 되지요. 시대가 변해서 요즈음에는 쌀 대신 공양금만 올리는 신도들도 많아졌지만, 농경사회에서 일 년을 땀 흘려 수확한 쌀을 이렇게 정성스레 부처님 전에 올리면서 감사의 기도를 했던 것입니다.

　그런데 우리늘은 불행하게도 해방 이후의 잘못된 교육징책 때문에 추수감사절은 배웠지만, 동짓날 쌀 건대를 부처님 전에 올리고 조상님께 한 해를 감사했던 우리 풍속을 배우지는 못했습니다. 이제 물밀듯이 밀려오는 서양정신에 대처하기 위해서는 동지와 같은 우리 풍속을 잘 지키고 계승해야 할 것입니다. 동짓날 쌀 건대를 머리에 이고 부처님 전에 가서 축원하던 어머니의 모습을 다시 불붙이는 정신이 있어야 하겠습니다. 아니 쌀 건대 대신 공양금을 올리더라도 동짓날의 그 정신만은 계승되어야 하지 않을까 여겨집니다.

동무 동무 씨동무

　초등학교 일학년 때인지 정확하게는 기억나지 않습니다만, 어릴 때 국어책에서 읽은 동시에 "동무 동무 씨동무 보리가 나도록 씨동무"라는 구절이 있었습니다. 그런데 그 동무라는 말이 북쪽 사람들이 즐겨 쓰는 바람에 언제부턴가 우리는 사용하지 못하게 되고 말았습니다. 그래서 어린아이들까지도 동무라는 말 대신 친구라는 어색한 말을 그냥 쓰게 되었습니다. 저는 가끔 TV의 유치원생을 위한 프로그램을 볼 때가 있는데, 그 때마다 선생님들이 어린이를 향해서 '우리 친구들' 하고 부르는 장면을 대할 때는 속에서 은근히 화가 납니다. 왜 우리들은 아직도 동무라는 그 친근한 우리말을 쓰지 못하는 것일까 하구요.

　그뿐만 아닙니다. 불교경전에는 우리들이 즐겨 사용하는 국민이나 백성이라는 말이 인민이라는 말로 표현되어 있습니다. 동무라는 말과 마찬가지로 북쪽 사람들이 사용하는 말이기 때문에 불교경전을 번역하면서도 인민이라는 말 대신 국민이라는 어색한 말을 사용하게 되었지요. 이유야 어디에 있든 이처럼 우리 것을 자신이 잘 지키지 않으면 도둑을 맞게 되는 수가 많습니다. 그리고 언어든 국토든 우리 것을 지키는 데는 먼저 지키겠다는 의지와 힘이 있어야 한다는 생각이 듭니다.

털모자와 김장 걱정

요즈음 길거리에서 간간이 털모자를 쓴 스님들을 만나게 됩니다. 겨울이 스님들의 머리에서부터 시작되고 있는 것일까요. 하기야 설악산 단풍 소식을 접한 지가 엊그제 같은데, 다시 첫눈 소식을 대하고 보니 저도 벽장 속에 있는 털모자 생각이 납니다. 그런데 문제는 저야 털모자 하나면 겨울 준비가 끝나지만, 아직도 우리 주변에는 겨우살이 준비가 어려운 이웃이 많다는 사실입니다. 우리들의 삶이 너무 바쁘고 또한 물질적으로 풍요로운 세상에 살다보니 이웃에 관심을 기울이지 않는 일이 많습니다.

하지만 우리들이 즐겨 사용하는 보살이라는 말이 무엇을 의미합니까? 보살은 이웃과 내가 같은 몸임을 깨달아 그것을 행동화하는 사람을 지칭하는 말입니다. 세상에 이보다 더 좋은 말이 어디에 있겠습니까. 그래서 저는 불교 신도를 부를 때 불자님이라는 말을 쓰지 않습니다. 남녀를 불문하고 보살님이지요. 첫눈 소식이 단순한 낭만으로만 받아들여지지 않고 불우한 이웃의 연탄 걱정, 김장 걱정으로 연결되어질 때, 스님들로부터 보살이라는 말을 들어도 부끄럽지 않을 것입니다.

신토불이

　반야의 공사상을 드라마 형식으로 설한 『유마경』의 사상은 흔히 불이법(不二法)으로 표현됩니다. 중생과 부처가 둘이 아니고, 너와 내가 한 몸이라는 것입니다. 가을을 맞아 오곡이 풍성한 가운데 우리 농산물을 먹자는 운동이 '신토불이(身土不二)'라는 불교 말로 확산되어가고 있습니다. 자신이 태어난 땅과 그 육체는 본래 하나이기 때문에 그 땅의 음식을 먹어야 건강하다는 것입니다. 뿐만 아닙니다. 불교를 비롯한 우리 나라의 대표적인 6개 교단 대표들이 모여 종교지도자 환경 녹색선언을 했습니다. 날로 심각해지고 있는 생태계 파괴를 비롯한 자연환경을 보호하자는 범종교적인 운동의 시작이라고 할 수 있습니다.

　때늦은 감은 없지 않지만 무척 고무적인 일이 아닐 수 없습니다. 환경보호운동에 어디 종교라고 예외가 될 수 있겠습니까. 이 역시 신토불이에서 그 근거를 찾을 수 있을 것 같습니다. 자연과 우리 몸은 한 몸이라는 뜻이기 때문입니다. 자연은 극복되어야 할 대상이 아니라 바로 내 몸이라는 말입니다. 우리가 자신의 몸을 파괴하지 않듯이 자연을 내 몸처럼 아끼는 것, 즉 신토불이에서 자연보호가 시작되는 것이니까요. 어쨌든 우리 땅의 음식을 우리가 애용하고, 자연환경이 잘 보존될 때, 신토불이는 살아있는 법문이 될 것입니다.

방생법회

　정월 대보름날을 앞두고 많은 사찰에서는 방생법회 준비를 할 것입니다. 방생법회가 무엇인지 궁금하십니까? 죽어가는 물고기를 사다가 강 가에 놓아주는 불교 특유의 자비를 행하는 법회를 말합니다. 그런데 여기서 우리들은 방생법회를 어떻게 해야 할지 다시 한 번 생각해봐야 할 것 같습니다. 지금 설명 드린 것처럼, 죽어가는 목숨을 살려주는 것이 방생이기 때문에 물고기 방생을 부정적으로만 말하고 싶지는 않습니다. 그러나 생태계 파괴와 수질 오염이라는 현실적인 당면문제 때문에 물고기 방생은 많은 논란을 불러일으키고 있는 섯도 사실입니다.

　부처님께서는 『비나야경』에서 "먹는 물 속에 대소변을 누던가, 눈물이나 침을 흘려서는 안 된다."라고 설하고 계십니다. 수질이 오염되어 그 물을 마시는 사람들의 건강에 장애가 오는 것을 염려하여 하신 말씀이지요. 때문에 이러한 우려가 있는 방생 방법은 재고되어야 한다고 생각합니다. 방생이라는 것이 자비행의 한 실천일진대, 꼭 물고기 방생으로 수질 오염을 부채질할 필요는 없다는 말입니다. 또한 우리 주변에는 부처님의 자비를 필요로 하는 사람이 너무 많습니다.

꽃길 가꾸기 날

　국도변에 코스모스가 다투어 피기 시작했습니다. 이상 저온현상으로 코스모스도 잘 자라지를 못해 예년보다는 볼품이 없지만, 그래도 길손들을 반기는 모습이야 어디 가겠습니까. 시골에 살다보면 가끔씩 "오늘은 꽃길 가꾸기 날"이라고 알리는 마을 이장의 스피커 소리를 듣게 됩니다. 우리들이 시골로 나들이 다니면서 보게 되는 코스모스를 비롯한 꽃길이 기실은 그 곳 주민들의 아름다운 정성이 만들어낸 보시정신의 산물입니다. 얼마나 고마운 이웃들입니까!

　하기야 근년 들어 남한강을 따라 설악산으로 향하는 국도의 코스모스는 자취를 감추고 말았습니다. 풀 깎는 기계로 길섶의 잡초와 함께 코스모스까지도 모두 깎아버렸기 때문입니다. 마을 사람들이 꽃길을 가꾸고 싶어도 제초기를 맨 군청직원들의 직업의식을 당해 낼 재간이 어디 있겠습니까. 사람 살아가는 맛이 기계 때문에 삭막해지고 있는 한 단면이지요. 도로 가가 잡초로 다소 너절하더라도 코스모스가 길손을 반기는 그런 삶의 여유가 있는 사회가 그리워집니다.

김치를 싫어하는 어린이들

음식문화는 그 나라의 민족성과 밀접한 관계가 있다고 합니다. 그래서 그 나라를 이해하려면 그 나라의 음식을 먹어보아야 한다고들 합니다. 우리 민족의 가장 한국적인 음식 가운데 하나가 김치입니다. 그런데 요즈음 초등학교 어린이들 가운데, 우리가 현재 먹는 음식 중 가장 싫어하는 것이 김치라고 대답한 학생이 제일 많다고 합니다.

이 설문조사의 결과를 달리 말하면, 나는 한국인이 싫다라는 대답이 가장 많았다는 것과 무엇이 다르겠습니까? 물론 아직 어리니까, 뜨거운 생선국을 먹으면서 '어, 시원하다.' 라고 말하는 어른들을 이해하지 못할 수도 있지요. 그래서 어른이 되면 달라진다고 자위할 수도 있습니다. 그러나 피자가 가장 맛있다는 것과 김치가 가장 싫다는 것은 분명히 다르지요. 그것은 어린이들의 생각 속에 은연 중 우리 것은 싫다라는 관념 때문일지도 모르기에 걱정이 앞섭니다. 문제는 어린이들로 하여금 김치를 싫어하게끔 만든 장본인이 바로 어머니들이라는 사실입니다. 어머니의 정신 속에 한국이 들어있을 때, 비로소 자식이 한국인이 되는 것입니다.

참된 승리

　요즈음 들어 경제계에서 가장 강조되고 있는 말이 글로벌 시대, 무한경쟁 시대인 듯합니다. 자기 논밭에 농사만 지어도 먹고 살 걱정은 없었던 시절과는 세상이 상전벽해(桑田碧海)가 되었으니, 이러한 말에 딴죽을 걸 이유는 없습니다. 그러나 곰곰이 생각해보면 구태여 이 말을 빌리지 않더라도, 우리들의 삶이 곧 싸움의 연속이라는 것은 누구나 수긍할 것입니다. 그리고 그 싸움에는 언제나 상대가 있기 마련이지요.

　부처님께서는 『법구경』에서 "수천의 적과 혼자 싸워서 이기기보다, 자기 자신을 이김이야말로 참으로 전사(戰士) 중의 최상이다."라고 설하고 계십니다. 그것이 타인과의 경쟁이든 아니면 자연재해와의 싸움이든 그것은 결국 자신의 행복을 위해서 하는 몸짓이지요. 그런데 부처님께는 그 참된 행복이 남과 싸워 이기는 데서 얻어지는 것이 아니라, 자신과의 싸움에서 이기는 것이라고 강조하고 계십니다. 아무리 재물이 많아도 마음속에 번뇌가 가득하면 행복은 저 멀리에 있을 뿐입니다.

참된 보시

　서울시의 아동보호, 사회복지 관계자들이 '구걸 청소년에게 돈 주지 맙시다.' 라는 홍보를 시작했다는 뉴스를 접했습니다. 처음에는 좀 심하다는 생각이 들었습니다. 그러나 곧 불교의 재물보시와 법보시의 관계가 생각났습니다. 글자 그대로 재물보시는 돈이나 물건을 주는 것이고, 법보시는 부처님의 가르침을 전해 주는 것입니다. 그리고 이 두 보시 가운데 재물보시보다는 법보시가 더 중요시 됩니다. 우선의 육신적 안락보다 생사의 고통을 근원적으로 해결하게 하는 것이 법보시이기 때문입니다.

　이렇게 생각하니까 사회복지 관계자들의 고충이 이해가 되었습니다. 너무 야박하게 들릴지 모르지만, 몇 푼의 돈이 우선은 그네들을 기쁘게 하더라도 그것이 먼 장래 인생 자체를 그르치게 할 수가 있기 때문입니다. 우리들이 던져주는 몇 푼의 동전이 그들의 자활의지를 방해한다면, 그것은 분명히 잘못된 보시가 되기 때문입니다.

평등한 사회

　다른 사람을 즐겁게 하는 사람은 반드시 사람들로부터 즐거움을 받고, 타인에게 친절하게 하면 반드시 그 사람들로부터 친절한 대우를 받습니다. 마찬가지로 타인에게 베풀기를 즐기는 사람은 언젠가는 많은 사람들로부터 베풂을 받게 되어 있습니다. 그러나 타인으로부터의 보답을 바라면서 베풀 때는 그 따듯한 인정은 되돌아오지 않지요. 그런데도 우리 주변에는 사람들에게 베풀지 않으면서 베풂을 바라는 사람들이 더러 있습니다. 소위 '특권층인 체' 하는 사람들입니다.

　우리들은 어릴 때부터 "사람 위에 사람 없고 사람 밑에 사람 없다."라는 말을 수없이 들으면서 살아왔습니다. 부처님께서도 『증일아함경』에서 "모든 강물은 바다에 들어가면 강물이라는 이름이 없어지듯이 모든 사람은 진리 앞에 평등하다."라고 선언하고 계십니다. 특권층이라는 병에 걸려 신음하는 사람에게 하신 말씀이지요. 나는 너희들과는 다른 신분이다. 때문에 나는 너희들을 대접하지 않아도 너희는 나를 대접해야 한다는 그 사고방식에 쐐기를 박는 말씀이지요. 평등한 사회, 거기에는 사람과 사람 사이의 인정이 가득하고 사람 사는 맛이 나는 세상입니다.

남과 북의 대화

남북 정상회담을 얼마 앞두고 국민 전체가 가슴을 설레고 있습니다. 부처님께서는 말만을 위한 말을 희론이라고 해서 배척하고 계시는데, 돌이켜보면 그 동안 우리 민족의 남북대화는 희론으로 점철된 역사라고 해도 좋을 것 같습니다. 그 원인에는 물론 여러 가지가 있다고 생각합니다. 국가와 민족을 먼저 생각하지 않고 기득권만 고수하려는 남북한의 위정자들로부터 통일을 내심 반대하는 주변 강대국까지 말입니다. 그러나 세상일에 밝지 못한 저의 생각으로는 아무래도 북쪽에 더 큰 책임이 있는 것 같습니다.

불교에는 열 가지 큰 죄가 있는데, 그 가운데 기어(綺語)라는 것이 있습니다. 말을 교묘하게 꾸며대며 겉과 속을 달리하여 사람을 현혹하는 죄를 말합니다. 제가 북쪽의 책임 운운하는 것은 바로 그 동안 우리들이 북측의 끊임없는 기어에 시달려왔다고 믿고 있기 때문입니다. 그러나 이번에는 북측 정상의 입에서 기어가 아닌 직언의 말이 나오기를 기대해 봅니다. 그래서 이산가족의 아픔이 하루 빨리 가시고, 50년 가까이 공양을 올리지 못한 북녘의 사찰에 모셔진 부처님께 공양을 올리고 무릎에 멍이 들도록 참회의 예불을 드리고 싶습니다.

술집의 영업시간

범어사나 해인사 같은 큰 절에서는 밤 9시가 되면 상경종을 칩니다. 이제 불을 끄고 취침하라는 것을 알리는 종입니다. 제가 처음 해인사에 출가할 당시에 해인사에는 전기가 들어오지 않았기 때문에 발전기로 전기를 사용했는데, 밤 9시가 되면 아예 발전기의 스위치를 내려버렸습니다. 세속에 사는 사람들로서야 스님들이 왜 그렇게 일찍 자는지 이해가 잘 안 될 것입니다. 그러나 새벽 3시에 일어나야 하는 스님들의 수행생활에서는 당연한 것이지요.

정부에서는 술집 영업시간 제한을 없애겠다고 합니다. 지금까지는 자정까지만 영업을 했는데, 이제부터는 새벽까지 허용하겠다는 것입니다. 그런데 저로서는 밤을 새워가며 술을 마시는 사람들의 부류와 그렇게 마셔야 할 이유가 어디에 있는지 잘 모르겠습니다. 단 한 가지 손님이 밤새워 술을 마시면 종업원도 밤새워 근무를 하지 않을 수 없다는 사실은 확실한 것 같습니다. 술집의 영업주에 비하면 종업원은 약자의 편이지요. 정부의 처사는 상대적으로 약자인 종업원의 처지를 전혀 배려하지 않는 것이 아닐까요. 3시에 일어나야 하는 스님들에게 12시에 취침하라는 것처럼 말입니다.

전통문화와 굿판

　개방화·국제화에 대응하기 위해 우리 것을 찾자는 운동이 국민의 공감대를 형성하면서 확산되고 있습니다. 판소리를 비롯한 국악이 각광을 받고 굿판이 재연되기도 하여 가슴 뿌듯함을 느끼는 것은 비단 저만의 감동은 아닐 것입니다. 사실 우리들은 해방과 6·25를 겪으면서 일방적인 서구문화에 동화되어 우리 것을 천대해 왔지요. 심지어 조상을 숭배하는 제사까지도 우상숭배라는 얼토당토 않은 말로 배척하는 동족까지 주변에 널려 있습니다.

　그런데 문제는 이러한 문화적 선동 중 굿판이 실제로 현실적인 효험, 즉 병을 낫게 하고 재앙을 물리치는 것인 줄 잘못 생각하는 사람이 있다는 사실입니다. 물론 신기가 있는 사람에게 내림굿이나 눌림굿 하는 것을 탓하는 말은 아닙니다. 과학적으로 증명이 되지 않는다고 정신적인 현상을 무시할 수는 없기 때문입니다. 전통문화를 계승하는 것과 무속을 하나의 종교로 각인시켜 혹세무민하는 일부 무속인의 처신과는 역시 구별이 되어야 할 것이라 생각합니다.

불신시대

　오늘날의 사회현상을 이름하여 혹자는 '불신시대(不信時代)'라고 표현하기도 합니다. 서로가 서로를 믿지 못하는 현실사회를 꼬집은 말이라고 생각됩니다. 국민이 정치인을 믿지 못하고, 부하가 상사를 믿지 못하며, 학생이 선생님을 믿지 못하고, 신도가 성직자를 믿지 못하는 현실에 대한 예리한 판단이 아닌가 하는 생각이 듭니다. 때문에 신문을 읽더라도 행간에 숨을 뜻을 알아야 한다는 말까지 나옵니다. 말 특히 정치인의 말은 그대로 이해해서는 안 된다는 것이지요.

　『아함정행경(阿含正行經)』에는, "남에 대해 위증을 하여 형벌을 받게 하지 말고, 나쁜 말을 전하지 말며, 말로 다투어 남의 마음을 상하게 하지 말고, 듣지 않은 것을 들었다 하지 말며, 보지 않은 것을 보았다고 말해서는 안 된다."고 설하고 있습니다. 인간의 삶이란 약속으로 시작해서 약속에서 끝난다고 할 수도 있습니다. 그리고 약속은 말에서 비롯됩니다. 말이 곧 삶이라는 뜻이지요. 그러니 어찌 속내와 다른 말을 할 수 있겠습니까.

재소자의 삭발

삭발을 한다는 것이 불교에서는 굉장히 큰 의미를 가지고 있습니다. 거기에서 생사해탈을 추구하는 마음의 준비가 시작되기 때문입니다. 그런데도 우리 주변에서는 이 삭발이 어떤 항거의 의미로도 행해지곤 해서, 삭발이 기본인 스님들로서는 기분이 언짢을 때도 있습니다. 더구나 교도소에서 형을 살고 있는 사람의 삭발은 섬뜩함을 더해줍니다. 때문에 외출 때 평상복을 착용하는 일부 불교종파의 스님들이 오해를 받기도 합니다.

다행히 국가에서 교도소의 삭발관행을 폐지한다고 하니 불자로서 여간 반갑지 않습니다. 사실 재소자의 삭발문제는 비난 어제 오늘의 일이 아니었지요. 무엇 때문에 재소자에게 삭발을 하게 했는지에 관해서는 구태여 말하고 싶지 않습니다. 다만 삭발제도가 재소자의 인격을 모독할 뿐만 아니라, 불교로서는 신성하게 생각하는 삭발 정신을 왜곡시킬 소지가 있는 것은 분명한 사실입니다. 때늦은 감은 있지만, 이 제도의 시행으로 스님들이 공연한 오해를 받지 않기를 바라는 마음 간절합니다.

대형사고와 일체유심조

  좋은 세상이다, 지겨운 세상이다라고 사람들은 자주 말하곤 합니다. 같은 환경이나 조건 속에서도 어떤 사람은 지겹다고 말하고, 또 어떤 사람은 좋은 세상이라고 합니다. 어찌해서 같은 조건 같은 환경 속에서 이렇게 정반대의 소리가 나오는 것일까요. 이것은 아마도 그 사람의 마음 탓이 아닐까요. 우리들은 현재 날마다 터지는 대형사고로 말미암아 모두가 불안해하고 있습니다. 그런데도 그 불안감을 없앨 수 있는 묘약은 처방되지 않고 있지요.

  여기에서 우리들은 혹시 우리 스스로 불행을 만들어내고 있지는 않는지 반성해보고 싶습니다. 『화엄경』에는 유명한 "일체유심조(一切唯心造)"라는 말이 있습니다. 일체 모든 것을 마음이 만들어낸다는 것이지요. 세상은 이미 건립되어 있고, 이렇게 이미 건립되어 있는 세상에서 사고가 없는 즐거운 하루는 자신의 마음이 만든다는 것입니다. 대형 참사가 일어날 수도 있다는 불안감을 깨끗이 없앨 때, 어두운 현상은 자취를 감춘다는 말이기도 합니다. 해가 뜨면 밤이 가듯이 밝음과 어둠은 결코 같이 있을 수 없는 것이니 말입니다.

인생난득(人生難得)

　우리가 사는 세상이 사건·사고의 연속이라는 것은 신문의 사회면을 보지 않더라도 모두가 알고 있습니다. 이런 사건 가운데 가장 가슴 아픈 것이 살인 사건입니다. 그것도 화성 연쇄살인 사건이나 지존파 사건 같은 집단 살인 사건은 말문을 막히게 합니다. 동시에 이들이 과연 무슨 악연의 과보로 이 세상에 사람으로 태어났을까 하는 화두를 만듭니다. 생명의 일차적인 목표는 사는 것이 아니겠습니까. 살인이 가장 큰 죄가 되는 것은 생명의 지고지순한 그 목표를 인위적으로 단절시키는 데 있는 것입니다.

　부처님 말씀 곳곳에는 인생난득(人生難得)이라는 표현이 자주 보입니다. 『열반경』에서는 "사람 몸 타고 나기가 우담바라 꽃 만나는 것과 같다."고 설하시고 있고, 『잡아함경』에는 "눈먼 거북이가 대해(大海)에서 구멍 뚫린 널판자를 만나는 것과 같다."고 하셨습니다. 이렇게 만나기 어려운 사람의 몸을 받아서 사람 구실을 못한다면 그보다 더 애석하고 절통한 일이 어디 있겠습니까. 이렇게 만나기 어려운 사람의 몸을 받았는데, 그 몸을 죽여서야 되겠습니까. 인생난득의 부처님 말씀이 사회 구석구석에 내리기를 기도하면서 자비의 전화 수화기를 올립니다.

제4장

날마다 좋은날

행복이 있는 곳

　이 세상의 모든 사람들이 인생의 목적으로 생각하고 있는 것은 무엇일까요. 이렇게 말하면 대다수 사람들은 구체적인 직업을 연상하기가 쉽습니다. 그러나 그러한 것은 인생의 궁극적인 목적이라기보다 그것을 달성하기 위한 수단이라고 해야 맞을 것 같습니다. 그렇다면 무엇일까요? 그것은 아마도 완전한 행복이 아닐까 합니다. 행복을 얻기 위해서 직업도 가지고 결혼도 하며 여가생활도 부지런히 할 것입니다. 그렇다면 그 행복은 어디에 있을까요.

　어린이들에게 이 세상에서 가장 높은 곳이 어디냐고 물으면, 대부분 하늘이라고 대답합니다. 이것은 비단 어린이들에게만 한정된 것은 아니지요. 우리 어른들도 하늘은 높다고 막연히 생각합니다. 그러나 과연 하늘은 높은 곳에 있을까요. 아닙니다. 우리들이 볼 수 있는 하늘은 바로 눈앞에서 전개됩니다. 우리들의 손 등에 닿아있는 것이 하늘입니다. 인간이 추구하는 행복도 마찬가지입니다. 행복이 멀리 하늘 끝에 있는 것이 아니라, 마치 하늘처럼 우리들의 삶과 맞닿아 있는 것입니다.

마음 비우기

　우리 민족은 예로부터 부처님이나 신에게 소원을 바라면서 기도하는 것을 '빈다' 라고 말하고 있습니다. 그래서 재산이 불어나기를 빌고, 자식이 좋은 대학에 입학하기를 빌기도 합니다. 그런데 어떤 언어학자는 이 빈다라는 말의 어원을 '비우다' 라는 말에서 찾고 있습니다. 반야경에서 설하는 공(空)이라는 말이지요. 자기를 철저하게 비우는 것이 소원의 성취라는 것입니다.

　가득 찬 항아리에는 다시 물을 담을 수가 없습니다. 더러운 물로 가득 차 있는 항아리에 깨끗한 물을 아무리 부어도 깨끗한 물이 되지 않습니다. 그러면 어떻게 해야 할까요. 항아리의 물을 다 쏟아내고 비운 다음에 깨끗한 물을 부어야 합니다. 항아리가 차 있는 한 어떠한 것도 더 담을 수가 없기 때문입니다.

　우리들의 마음이라는 항아리도 마찬가지입니다. 탐욕과 분노와 질투로 가득 채워진 자리에 다시 행복이 들어갈 수는 없는 것이지요. 먼저 마음을 채우고 있는 탐욕과 분노, 질투와 아만 등을 모조리 비워야 합니다. 그것이 공입니다. 아무 것도 없는 텅 빈 방 안에는 온갖 가구를 생각대로 배치할 수 있듯이 마음이 텅 비었을 때 자신이 바라는 것을 넣을 수가 있습니다. 그것이 바로 부처님께 비는 기도입니다. 누구나 바라는 행복, 그 행복된 삶을 위해서는 먼저 마음을 비우는 공부가 있어야 하는 것입니다.

인간이라는 행복

인간이 태어난 해를 12가지 동물로 나타내고, 거기에 맞춰 인간의 성격과 길흉을 말하는 12간지의 운명론은 어찌 보면 재미있다는 생각도 듭니다. 쥐띠 해에 태어났다고 해서 모두가 재치가 있는 것도 아닐 것이며, 소띠 해에 태어난 모든 사람이 근면성실하게 움직이는 것은 아닐 것입니다. 그런데도 우리들은 연초가 되면 그 해를 상징하는 동물을 들먹이며 한해의 운세를 말하곤 합니다.

마침 개띠 해를 맞이하여 진도개·삽살개를 비롯하여 개에 대한 이야기가 무성합니다. 우리 나라 토종개의 우수함을 말하기도 하고 개 팔자의 편안함을 논하기도 합니다. 그러나 아무리 복을 받고 있는 강아지라 하더라도 축생임에는 틀림이 없습니다. 여의주를 물고 있다는 용이 갖가지 조화를 부린다 해도 축생일 뿐입니다.

아무리 보잘 것 없는 삶을 산다 해도 우리들은 인간입니다. 불교에서는 인생난득 불법난봉이라는 말을 합니다. 사람 몸 받기 어렵고 불법 만나기 어렵다는 뜻입니다. 혹은 그 어려움을 눈먼 거북이가 망망대해에서 널빤지를 만나는 것에 비유하기도 합니다. 인간으로 태어난 자체가 바로 행복입니다. 그런데도 먹고 사는 데만 급급하다면 사람 몸 받은 보람이 없지 않을까요.

마음이 따뜻한 사람

지리 시간에 배운 우리 나라는 분명히 작은 나라였습니다. 또한 비행기를 타보면 우리 국토가 다른 나라에 비해 작다는 것을 실감합니다. 그러나 봄꽃들이 피는 시기에 차이가 나는 것을 대할 때면 우리 나라가 결코 작은 나라는 아니라는 생각이 듭니다. 남쪽에는 지금 개나리가 한창이겠지요. 서울 지역에는 이제 개나리꽃이 피기 시작했습니다.

올림픽 도로를 오가다 보면 그 개나리꽃 주변에 참새들이 한가롭게 놀고 있는 것을 접하게 됩니다. 어릴 때 보았던 참새들은 주변에 인기척만 있어도 날아서 도망을 갔습니다. 그런데 이 참새들은 자동차와 사람을 두려워하지 않고 한가롭게 놀고 있는 것입니다. 이렇게 자동차와 사람을 두려워하지 않는 그 참새들을 대하면서 중생들의 마음을 조금은 알 것 같다는 느낌이 들곤 합니다. 자기를 해치지 않는 존재에 대해서는 두려움을 느끼지 않고 친근감을 갖게 되는 마음 말입니다.

옛 조사스님들 가운데는 동물과 가까이 지낸 일화를 가진 어른들이 많습니다. 스님이 나타나면 온갖 산짐승이나 새들이 스님 곁에 모여들었다는 이야기 말입니다. 이 역시 같은 도리가 아닌가 여겨집니다. 마음이 따뜻한 사람에게는 적이 있을 수 없는 것도 같은 이유겠지요.

내 생명 부처님 생명

지금까지 저는 방송을 했고, 여러분들은 라디오 사이클을 101.9에 맞추어서 방송을 들었습니다. 그런데 분명한 것은 라디오가 저의 음성을 만들어 낸 것이 아니라는 겁니다. 만약 라디오가 제 음성을 만들어 낸다면 사이클을 어디에 놓아도 저의 음성이 나와야 할 것입니다. 그러나 그렇지는 않습니다. 음성은 라디오가 만드는 것이 아니라 스튜디오에서 만들어지기 때문입니다. 제 음성은 이미 공중에 가득히 차 있고, 그 음성을 잡을 수 있는 사이클에 맞추어 스위치를 올려 저의 음성을 듣는 것입니다.

부처님 생명과 중생 생명의 관계도 마찬가지입니다. 부처님 생명이 따로 있고, 중생 생명이 따로 있는 것이 아닙니다. 『대반열반경』에는 "일체 중생이 모두 부처님의 성품을 가지고 있으니, 여래가 항상 계시어 변이하지 않는다."라는 법문이 있습니다. 바로 중생의 생명이 부처님 생명과 동일하다는 말입니다.

부처님의 생명은 이미 스튜디오에서 흘러나와 온 세계에 충만해 있습니다. 그 부처님의 생명을 나의 생명으로 하고 싶으면 나의 생명을 부처님의 생명 사이클에 맞추고 있으면 됩니다. 이렇게 부처님 생명 사이클에 자신을 맞출 때가 바로 스스로 부처님으로 사는 시간이 되는 것입니다.

더불어 살아가는 멋

제가 기거하고 있는 토굴 주변에는 코스모스가 많습니다. 시원한 가을을 코스모스 꽃으로 맞이하기 위해서 몇 년 전에 심은 것들이 해가 갈수록 이렇게 많아진 것입니다. 그런데 이 코스모스 중의 몇 포기가 며칠 전부터 피기 시작했습니다. 국도변에 늘어선 코스모스도 예외는 아닙니다. 그 중의 몇 포기가 아직 가을이 오지도 않았는데 홀로 피어있습니다. 문제는 계절을 망각하고 피어서 분수를 지키지 못한 그 코스모스가 가을의 그것만큼 정겹게 다가오지 않는다는 사실입니다. 홀로 피어있는 코스모스의 그 왜소한 모습이 처량하기조차 합니다. 새삼 코스모스는 무리지어 피어야 멋이 있다는 것을 발견하게 되었습니다.

우리네 인생살이도 마찬가지라는 생각이 듭니다. 아무리 개성의 시대라고 하지만, 더불어 살아가는 세상에서 자기 분수를 망각하고 행동한다면 철 이른 코스모스 신세가 되지 말라는 보장이 없지 않겠습니까. 좀 가냘프게 보이는 코스모스도 함께 피면 장관을 이룹니다. 마찬가지로 이웃과 더불어 살아갈 때 인간다운 멋이 있는 것이지, 제 잘난 맛에 독불장군처럼 산다면 홀로 피어있는 코스모스처럼 볼품이 없어지지 않을까 여겨집니다.

아수라의 포승줄

　육도를 윤회하는 중생 중에 아수라라는 중생이 있습니다. 천상계와 인간계 사이에 존재한다는 이 중생의 복력은 우리 인간들보다 뛰어나다고 하지만, 항상 싸움만 일삼는 까닭에 인간계 아래에 둘 때도 있습니다. 우리말에 싸움으로 난장판이 된 상태를 아수라장이라고 하는 것도 바로 이 아수라라는 중생의 모습에서 유래하고 있습니다.

　이 아수라가 싸우는 상대는 천상계의 하나인 제석천의 군사들입니다. 그러나 아수라군과 제석천군의 전쟁에서는 언제나 제석천군이 이기게 되고, 그 때마다 아수라들은 붙잡혀 포승줄에 묶이고 맙니다. 그런데 기이하게도 제석천군이 묶은 그 아수라의 포승줄은 아수라가 싸우려는 마음을 거두기만 하면 풀리고, 그러다가도 다시 싸우려는 마음만 내면 더욱 옥조이게 되는 것입니다. 참으로 이상한 아수라의 포승줄이지요.

　어쩌면 이 아수라의 포승줄은 우리네 인간들의 삶을 비유하고 있는지도 모르겠습니다. 우리들이 만약 분노로 상대방을 공격하고자 할 때는 가슴이 답답하고, 반대로 용서하고 화해할 때는 가슴이 후련해짐을 느끼게 됩니다. 마치 포승줄이 우리 몸을 묶고 있는 것처럼 말입니다. 우리들 가슴 속을 묶고 있는 아수라의 포승줄을 푸는 하루하루가 되어야 하지 않을까 여겨집니다.

비난받는 고마움

"먼 옛날부터 오늘날까지 사람들은 서로 헐뜯고 비난하나니, 말이 많아도 비난받고 말이 없어도 비난받고 말이 적어도 비난받는다. 세상에 비난받지 않는 사람은 아무도 없다."

이 말은 『법구경』 제 227게의 게송입니다. 그렇다고 세상에 비난이라는 말만 있는 것은 아닙니다. 세상에 칭찬이라는 말도 있고, 따라서 칭찬받는 사람도 많습니다. 그렇다면 그 비난과 칭찬은 어떤 것일까요. 경의 제 228게에는 다시 "비방만 받는 사람 칭찬만 받는 사람, 일찍이 없었고 지금도 없으며 미래도 없을 것이다. 비방도 칭찬도 모두가 자신의 이익과 명예를 위한 것일 뿐."이라 설하고 있습니다.

이치는 비록 그러하나 비난을 당하면 화가 나고, 칭찬을 받으면 기뻐지는 것이 우리 모두의 감정입니다. 그러나 돌이켜 생각해 보면, 만약 전혀 관심이 없는 상대라면 굳이 비난하지도 않을 것이고 욕도 하지 않을 것입니다. 비난한다는 것은 무엇인가 그만큼 가깝고 상대방을 인정하고 있다는 증거가 되는 것이지요. 이렇게 보면 이웃이 나를 무관심으로 대하지 않고 비난한다는 것이 오히려 고마운 일이 될 수도 있습니다. 관심 밖의 사람이 되기보다는 그래도 관심 속에서 살아가는 것이 행복이 아닌가 생각됩니다.

자기다운 사람

우리말에 '~답다' 라는 말이 있지요. 계속되는 추위가 계절을 겨울답게 하고 있습니다. 겨울이 너무 따뜻하면 그래서 겨울답지 않으면 여러 가지 문제가 생기게 됩니다. 우선 땅 속에 있는 나쁜 벌레들이 죽지 않아서 이듬해 농사가 병충해로 어려움을 겪게 됩니다. 연료비가 적게 들어 가계에는 도움이 되겠지만, 계절상품을 생산하는 사람들로서는 여간 괴로운 일이 아닙니다. 그래서 겨울은 겨울다워야 하는 것입니다.

마찬가지로 우리 인간사도 이렇듯 다워야 하지 않을까 생각됩니다. 남편은 남편다워야 하고 아내는 아내다워야 하며, 부모는 부모다워야 하고 자식은 자식다워야 그 속에서 행복이 따르지 않겠습니까. 만약 남자가 남자답지 못하고 여자가 여자답지 못하며, 공직자가 공직자답지 못하고 국민이 국민답지 못하다면 거기에 무슨 보람이 있겠습니까.

그렇지만 요즈음의 세태는 인간사에 점점 이 다움이 사라지는 것 같습니다. 남자는 점점 여성화되어 가고 여자는 점점 남성화되어 가고 있습니다. 청소년이 어른들의 못된 흉내만을 내어 이미 그들만의 순수한 삶을 잃어버리고 말았습니다. 개성의 시대라고들 하지만, 그 개성도 자기다운 테두리 안에서 이루어질 때 아름답지 않을까요.

수처작주(隨處作主)

한보 그룹의 정태수 전 회장의 '머슴론'이 우리 사회에 큰 파장을 몰고 온 적이 있었습니다. 그가 검찰조사 과정에서 회장인 자신은 회사의 주인이고, 임직원을 비롯한 전 사원은 자기의 머슴이라고 했다는 것이었지요. 물론 이 말이 전해지자 세상의 비난 여론은 빗발쳤습니다. 봉건사회나 있을 수 있었던 하인을, 이 민주사회에서 자기 직원에게 적용시켰으니 말입니다. 그러나 시각을 달리하면 오늘날이라고 머슴, 즉 하인이 없다고 말할 수 없지 않을까 하는 생각이 듭니다.

왜냐하면 이 사회에는 분명히 매사에 수인정신이 부철한 사람과 무슨 직책을 맡아도 하인 근성을 버리지 못하는 사람이 있기 때문입니다. 주인은 모든 일을 능동적으로 하는 사람이고, 하인은 무슨 일이든 시킴을 받지 않으면 하지 않는 피동적인 사람입니다.

중국 당나라 때 선승인 임제 스님은 수처작주(隨處作主)라는 말을 즐겨 법문했습니다. 언제 어디서든 주인정신으로 살라는 말씀입니다. 왜냐하면 우리 모두가 부처님과 다름없는 불성(佛性)의 소유자이기 때문입니다. 자신의 불성을 믿지 않고, 매사에 부처님에게 매달리기만 한다면 그는 영원히 머슴일 뿐이지요.

부드러운 얼굴, 상냥한 말씨

대추나무에 새잎이 돋아나는 것을 보니 이젠 올해에 천지를 장엄할 푸르름은 남김없이 그 자태를 보인 듯합니다. 부처님 말씀을 적은 경전에는 말할 것도 없고 조사스님들의 법어에도 화안애어(和顏愛語), 즉 부드러운 얼굴 상냥한 말씨라는 글귀가 자주 나옵니다. 부드러운 얼굴 상냥한 말씨가 보시의 첫걸음이고, 따라서 보살이 갖추어야 할 기본 자세라는 의미를 담고 있습니다. 바로 이 화안애어라는 부처님 말씀을 지금 이 땅을 장엄하고 있는 5월의 햇살과 연한 초록빛이 실제의 모습으로 법문하고 있는 듯합니다.

우리 주위가 아무리 부도덕과 비리에 중병을 앓고 있다 해도, 이 5월의 연초록에서 우리들은 부처님의 모습을 볼 수가 있다는 말입니다. 이 어둡고 캄캄한 세상에 부처님은 어디에 계실까, 왜 우리 곁에 오셔서 우리들을 구제해주시지 않을까 하는 불신의 마음이 없지도 않겠지요. 그러나 부처님의 모습은 이렇게 연한 초록빛으로 우리 곁에 와계십니다. 그것으로 지금 우리들을 구제해주고 계십니다. 단지 우리 자신이 그것을 모르고 있을 따름이지요. 이 세상이 희망이 있는 것은 자연이 주는 무한의 법문 그리고 5월의 연초록 같은 부드러운 얼굴 상냥한 말씨의 불자들이 이 땅을 장엄하고 있기 때문이라는 생각이 듭니다.

성장의 계절

　유월은 신록으로 가득 찬 달이지요. 삼라만상이 가장 왕성하게 생장을 거듭하는 달입니다. 하루가 다르게 자라나는 온갖 식물들을 보노라면, 움츠렸던 우리들의 마음에 다시 한 번 약동의 생기가 도는 것도 바로 이 6월입니다. 바로 이때, 불자라면 불법을 통한 인생의 성장을 기약해야 하지 않을까 생각됩니다. 그러나 인생의 성장이 어디 육신의 크기나 재산의 축적 혹은 명예의 획득에만 있겠습니까. 산다는 것이 어디 육신의 움직임에만 해당되는 것이겠습니까.

　부처님께서는 『열반경』에서 "만약 모든 중생들이 행실을 닦지 않는다면 생사의 허깨비 속에 살면서도 허깨비와 같은 처지를 알지 못하리니, 미혹된 마음에서 어찌 벗어날 수 있을 것인가?"라고 설하고 계십니다. 인생의 참된 성장이란 눈에 보이는 것에 있지 않습니다. 허깨비 같은 이 세상을 허깨비 같다고 분명히 알아 거기에 대처하는 마음이 되는 것이 참된 성장입니다. 그러나 그 마음을 얻기가 간단하지가 않지요. 여기에서 매일 매일의 수행이 필요한 것입니다. 그리고 그 수행한 마음은 마침내 생사의 고해를 건너는 배가 되어 자신을 열반의 언덕으로 인도하게 됩니다. 유월의 싱그러움이 자신의 내면을 성장시키는 이정표가 되었으면 합니다.

무료 사우나

　요즈음 뉴스의 초점이 찜통더위에 쏠려있는 듯합니다. 제주도와 경상도 지방의 열대야 현상이 보름을 넘어선 가운데 전국이 한증막을 연상케 하니, 그럴 만도 하다는 생각이 듭니다. 그러나 생각해보면 여름은 역시 더워야 제 맛이지요. 만약 여름이 덥지 않다면 그 또한 이상하지 않겠습니까! 돈 주고 사우나장에 가서 일부러 땀을 내고 있는 사람도 많은 요즈음 세상에 그냥 땀나게 해주는 더위를 고맙게 생각하는 여유는 어떻습니까.

　6월 하순에 러시아를 여행한 일이 있습니다. 지금도 인상에 남아있는 것이, 팬티만 입고 담벼락에서 일광욕을 하던 사람들입니다. 햇빛이 적어 땀을 흘리지 못했던 사람들이 궁여지책으로 하는 사우나인 셈이지요. 하기야 사우나는 본래 백야(白夜)가 반년이나 계속되는 핀란드에서 시작되었다고 하지요. 무더운 여름날 흘러내리는 땀과 함께 그 동안 몸 속에 쌓여있던 노폐물이 전부 제거된다니 고마운 일 아니겠습니까! 비싼 돈 주고 사우나에 가서 억지로 땀 흘리는 사람들도 많은 세상에서 말입니다.

내려 놓아라

옛 조사스님들이 즐겨 말씀하신 법문 가운데 방하착(放下着)하라는 것이 있습니다. '내려놓아라, 잊어버려라' 라는 의미입니다만, 온갖 집착을 벗어나는 것을 이렇게 말하고 있습니다. 이 세상에서 영원한 것이라곤 하나도 없습니다. 그래서 부처님께서는 불교의 제 1 명제로 제행무상(諸行無常)을 들고 있습니다. 일체 모든 것이 끊임없이 변모하여 항상(恒常)된 것이 없다는 뜻입니다. 그런데도 우리들은 마치 영원히 변하지 않는 것이 있다고 착각하면서 살고 있습니다. 우선 이 몸뚱이가 변하지 않는 자기 것이라 생각합니다.

그러나 과연 그럴까요. 어릴 때의 자기 몸과 지금의 자기 몸은 과연 변하지 않은 자기 몸입니까? 이름만은 어릴 때의 그 이름을 쓰고 있지만, 신체는 자라났고 생각도 달라졌습니다. 몸이 생각대로 따라주지를 않습니다. 또한 언젠가는 죽을 것이 정해져 있습니다. 이렇게 내 이 몸뚱이조차도 영원하지 않은데, 하물며 거기에 딸린 재물이야 어떻겠습니까. 사랑하는 사람, 부질없는 권세가 어찌 영원한 것일 수 있겠습니까. 그런데도 사람들은 그러한 것이 영원한 것이라 착각하고 집착합니다. 삶의 온갖 괴로움은 바로 이 착각과 집착에서 시작되는 것입니다. 따라서 행복을 얻는 첫걸음은 방하착에 있는 것이 아닐까요.

꿀벌이 꿀을 모으는 이유

봄이 무르익어 가면서 주변에 꽃소식이 절정을 이루고 있습니다. 농부는 농삿일에 바쁘고, 행락객은 시간을 죽이기에 바쁩니다. 비단 사람뿐만 아니지요. 개구리도 알을 낳아야 하고, 까치도 새 둥지를 만들어야 합니다. 봄은 이렇게 뭇 생명에게 생명의 활력을 더합니다. 이렇게 봄날 꽃이 피기 시작하면서 바빠진 중생 중에 특히 꿀벌이 눈길에 와 닿습니다. 그들은 꿀을 모으기 위해서 이 꽃 저 꽃으로 부지런히 날아다닙니다.

그런데 이렇게 부지런히 꿀을 모으는 벌은 겨울이 있는 지방의 꿀벌뿐이라는 사실을 모르는 사람들이 많은 것 같습니다. 저 상하의 나라 열대지방에서는 일 년 내내 꽃이 핍니다. 물론 거기에도 꿀벌은 있지요. 그렇다면 그 곳에서는 꿀이 엄청나게 많이 생산되리라 생각되지요. 그러나 그 곳에서는 꿀이 생산되지 않는답니다. 왜냐하면 그 곳의 벌은 꿀을 달리 저장할 필요를 느끼지 못하니까요. 벌은 꽃이 피지 않는 겨울이 있을 때만 꿀을 만드는 것입니다. 겨울을 대비하여 꿀벌이 꿀을 따 모으듯이, 우리네 삶도 평상시 어려울 때를 대비하여야 하지 않을까 여겨집니다. 목표가 확실한 삶에 편안함과 즐거움이 있다는 말씀입니다.

아귀도의 문

　근년 들어 사회 현상의 문제로 등장한 것에 더럽고 힘들고 위험한 일을 기피한다는 소위 3D 현상이 있지요. 그런데 이 세 가지 가운데 자신이 더러운 일을 하지 않으려고 할 뿐만 아니라, 실은 보지도 않으려 합니다. 그래서 사람들은 이 추운 날 육교에서 구걸하는 노인을 보게 되면 외면하려고 합니다. 동전 몇 개 주기가 아까워서 못 본 척하는 것이 아니라, 실은 그 노인의 행색이 너무 남루하여 자기 눈을 더럽힐까 염려한 것은 아닐까요.

　그러나 보살의 눈은 그렇지 않습니다. 추한 사람을 대했을 때 보살은 비심(悲心)이 일어나는 것입니다. 『보살본행경』에는 "구걸하는 사람을 보고 얼굴을 찡그리는 사람은 아귀도의 문을 여는 것이 된다."라는 말이 있습니다. 아귀도란 경전의 표현으로는 극한의 기아상태가 계속되는 저승의 중생계를 말합니다만, 반드시 그 의미만은 아닌 듯싶습니다. 오히려 더럽고 추한 것을 외면하지 않고 맞부딪쳐 시정해 나가는 정신을 가질 때, 우리들의 삶이 보다 윤택해 진다는 사실을 강조한 것이 아닌가 생각됩니다.

요란한 사람, 조용한 사람

제가 방송국으로 오는 길은 남한강을 거쳐 한강으로 접어들어 반포대교를 건너는 코스입니다. 오늘 아침 반포대교를 건너다보니 며칠 동안의 장마 비로 강물이 많이 불어나 있었습니다. 물론 한강뿐만은 아니겠지요. 전국의 크고 작은 강물이 마찬가질 겁니다. 그런데 그 강물들을 자세히 보면 얕은 개울물은 소리를 내어 흐르고, 큰 강물은 마치 흐름이 없는 듯 조용하게 흘러갑니다. 우리들의 삶도 이 강물과 같은 것이 아닌가 여겨집니다. 수행이 모자라고 심지가 깊지 못한 사람이 항상 요란하고, 마음이 깊은 사람은 큰 강물처럼 조용하지요.

지금 우리 나라에는 이상한 일이 하나 벌어지고 있습니다. 자신이 특정 종교 신자임을 때와 장소를 가리지 않고 내세우는 현상입니다. 물론 자기가 믿는 종교에 자부심을 가지는 것은 바람직한 것이지요. 그러나 시도 때도 없이 특정 종교인임을 부각시키는 것을 보면 개울물이 시끄럽게 흐르는 것 같다는 느낌이 듭니다. 종교라는 것은 자기 자신을 성찰하는 것이지요. 그 기본적인 자세가 없는 사람이 과연 참다운 종교인일까요. 저 한강처럼 소리 없이 흘러가면서 자기의 할 일을 묵묵히 해나가는 보살들의 마음과 자세가 자랑스럽습니다.

물질적 풍요와 정신적 빈곤

어린 날의 기억입니다만, 할아버지께서는 가을이 되어 감을 따시면서 한두 개를 꼭 남겨두었습니다. 이유를 여쭈어본즉 겨울철에 새들이 먹을 양식이라고 하셨습니다. 나이가 들어서 알았습니다만, 그 감을 까치밥이라 하더군요. 저는 저의 조부께서 특별히 자비심이 깊은 어른인지 어떤지는 알지 못합니다. 다만 이 한 가지 사실이 그 어렵던 시절에도 우리들의 선조들은 이렇게 따뜻한 마음을 가지고 사셨다는 하나의 증거가 아닌가해서 말씀드리는 것입니다.

그런데 지금 물질적으로 풍요의 극을 달하고 있는 우리들의 삶은 어떠한지 돌이켜보고 싶습니다. 물론 지금도 농촌의 과수원에서는 까치밥을 남겨 두겠지요. 문제는 물질적으로 엄청난 부를 축적하고 있는 도시인의 모습입니다. 먹다 남은 음식을 버리는 한이 있더라도 남에게 주지는 않는 우리의 이웃이 많지요. 좀 손해보고 산다는 생각은 꿈에서도 생각하지 못하는 사람들이 너무 많지 않습니까. 스스로 물질적인 풍족과 반비례하여 정신적인 빈곤이 만연해 있지는 않은지 생각하는 하루가 되었으면 합니다.

갈대밭의 교훈

여러분들은 갈대밭에 들어가 본 적이 있습니까? 그 여리고 키만 훌쩍 큰 갈대가 심한 태풍에서도 넘어지지 않고 있는 것을 보면 참 신기해 보이지요. 그러나 만약 그 갈대가 한 개만 외톨이로 서 있다면 틀림없이 넘어졌을 겁니다. 갈대 하나하나가 서로 의지해 있기 때문에 갈대는 바람을 이길 수 있습니다. 우리네 삶도 마찬가지가 아닐까 생각됩니다. 부처님께서 말씀하신 고통 가운데 "미운 사람과 만나야 하는 괴로움"이 있습니다. 그런데 묘하게도 그 미운 사람이 대부분 전혀 남남인 경우가 아니라, 예전에는 친한 사이였다는 사실입니다.

왜 친하던 사람하고만 원수가 되겠습니까. 거기에는 친한 사람을 향한 지나친 요구가 있었기 때문입니다. 형제간에 고부간에 친구 간에 혹 소원한 사이가 되었다면, 그 원인은 상대방의 입장을 생각하지 않은 지나친 기대감 때문이겠지요. 그러나 역지사지(易地思之)하는 지혜를 가지고 있다면 이러한 갈등은 충분히 해결되겠지요. 왜냐하면 저 갈대처럼 부부간에, 부모 자식간에, 이웃간에 서로가 서로에게 지탱되어 있기 때문에 넘어지지 않고 이렇게 살고 있는 것이 확실하기 때문입니다.

칠월 칠석

　여름날 저녁에 모깃불을 피워놓고 은하수를 바라보던 그 정겹던 어린 시절의 추억을 다들 가지고 계시겠지요. 지금이야 온갖 공해로 인하여 도시에서 밤에 별보기가 쉽지는 않지만, 그래도 산사에서는 밤마다 별들의 합창이 보입니다. 이 여름밤 정취의 절정이 음력 칠월 초이레, 견우성과 직녀성이 은하수에 만들어진 오작교 위에서 만난다는 칠석날입니다.

　우리 한국불교에서는 예로부터 이 칠석날에 치성광여래불에게 공양올리고 가족의 수명장수와 복덕구족을 축원해 왔습니다. 그러나 그것보다 우리 민족에게 있어서 칠석은 만남의 날로 인식되었고, 거기에서 특히 부처님을 통한 화합된 삶의 축제로 지켜져 왔습니다. 그렇습니다. 칠석이야말로 만남과 화합의 잔칫날이었습니다. 그런데 지금 우리들의 현실은 어떠합니까? 민족적으로는 남북이 서로 만나야 하고, 사회적으로는 노사간에 혹은 계층간에 허심탄회한 만남이 있어야 하는데, 현실적으로 그것이 원만히 이루어지지 않아 안타까울 뿐입니다.

　어디 그뿐입니까. 인생살이란 어차피 더불어 살아가는 것이고, 여기에서 서로 만나서 화해하고 화합하지 않으면 안 되는 일이 참으로 많이 생기게 됩니다. 서로 만나서 화해하고 화합하는 칠석날이 될 때 부처님께 참된 공양이 되지 않을까요.

탐욕의 강, 보시의 강

『대지도론』에는 이런 비유가 하나 있습니다. 번뇌와 고통에 차 있는 이 세상에서 행복이 가득한 피안의 세계로 건너가는 중간에 강이 하나 있는데, 그 이름이 탐욕의 강이라고 한답니다. 그런데 이 탐욕의 강은 보시 공덕으로 건널 수 있는 까닭에 보시의 강이라는 별명이 붙었다고 합니다.

탐욕과 보시라는 말만큼 경전에 자주 등장하는 말도 드물지 않을까 생각됩니다. 인간이 인간으로 태어날 수밖에 없었던 근본 원인이 탐욕심에서 비롯되었고, 인간 고통의 근본 역시 탐욕심에서 기인한다는 것이 불교의 기본 입장입니다. 따라서 고통의 근본 원인인 탐욕심의 제거 없이는 최상의 행복인 열반의 언덕에 오를 수가 없게 됩니다.

어떻게 탐욕심을 제거하여 열반의 언덕에 오를 수 있을까. 지금 같은 강이 정 반대의 두 이름을 동시에 가지고 있다는 이 『대지도론』의 비유가 우리들로 하여금 탐욕심을 없애는 방법을 잘 가르쳐주고 있다는 생각이 듭니다. 탐욕심은 결코 생각이나 사유로 없어지는 것이 아니라 보시라는 적극적인 행위에 의해서 제거된다는 것입니다. 그리고 이 보시하는 마음은 다른 동물에게서는 결코 찾아볼 수 없는 인간만이 가지고 있는 성질이기도 합니다.

부처님의 응답

　인생살이에는 뜻하지 않은 갈등이나 번민이 찾아옵니다. 때로는 괴롭고 짜증나는 일이 있지요. 가족 간에 혹은 이웃 간에 불화로 인하여 화가 치밀고 사는 것에 회의가 들 때가 있기 마련입니다. 할까 말까, 이럴까 저럴까 하는 등의 여러 가지 문제로 상담을 하고 싶을 때가 있는데, 이럴 때 물론 공식적인 상담소나 신뢰할 수 있는 선배나 친구를 통해서 그 어려움을 해결할 수도 있을 겁니다.

　그러나 세상에는 말로는 해결되지 않는 괴로움이 너무나 많습니다. 그 때 찾아가야 할 곳이 부처님 앞이 아닌가 싶습니다. 최고의 상담소는 역시 부처님 전입니다. 말없이 미소만 짓고 계시는 부처님 앞에 조용히 앉아서 자신을 비쳐볼 때 새로운 길이 열려오기 때문입니다. 염불하면서 조용히 앉아있는 사이에 부처님께서 응답해 주시니까 말입니다. 모든 갈등의 원인을 사실은 자신이 가장 잘 알고 있는데도 이 사실을 모르고 있는 사람들이 많은 것 같아서 답답할 때가 있습니다.

제비 법문

중국 당나라 때 현사사비라는 방장스님이 계셨습니다. 어느 봄 날 대중들에게 법문을 하기 위해서 법상에 오르셨는데, 그 때 마침 처마 밑에서 제비가 지지배배 지지배배 하고 울었습니다. 그러자 현사 스님은 "오늘은 내 대신 제비가 법문을 다 했으니, 나는 할 말이 없다." 하고는 그대로 법상에서 내려오셨습니다. 현사 스님의 어록인 『현사록(玄沙錄)』에는 많은 법어가 수록되어 있지만, 그 중 이 제비 법문이 스님의 대표적인 법어로 자리잡고 있습니다.

흔히 명산대찰(名山大刹)이라 말들 하지요. 우리 나라의 큰 절들이 다 유명한 산에 위치하고 있는 것을 표현한 말입니다. 정말 어느 절이든 그 곳에서 바라보는 풍광은 우리들을 매료시키기에 충분합니다. 그 곳에서는 구태여 스님들의 법문을 듣지 않아도 됩니다. 산새가 법문을 설하고, 기암절벽이 법문을 보여주고 있기 때문입니다. 다만 아쉬운 것은 봄철의 연초록 잎과 가을의 빨간 단풍잎의 법문을 눈으로 듣지 못하는 우리들의 현실입니다. 오직 끊임없는 정진이 우리들의 눈을 뜨게 합니다.

누구라도 화는 난다

　세상을 살아가노라면 화가 치미는 일이 없을 수 없습니다. 아무리 수행을 오래 한 승려라 하더라도, 어떤 고매한 인물이라 하더라도 인간이기에 화가 나게끔 되어 있는 것이 이 사바세계의 현실이기 때문입니다. 그러나 부처님 말씀을 생활의 신조로 삼고 살아가는 사람은 화를 내는 방법과 그것을 가라앉히는 방법이 다른 사람과는 다릅니다.

　이 세상이 아무리 혼탁해 보여도, 이렇게 평온을 유지할 수 있는 것은 마음이 착한 사람이 그렇지 않는 사람보다 많기 때문입니다. 우리들로 하여금 화가 나게 하는 사람은 그 소수의 나쁜 사람들 때문입니다. 경우에 맞지 않는, 진리를 역행하는 언동에 화가 나지 않는다면 오히려 어리석다고 할 수 있겠지요.

　그러나 부처님 말씀을 따르는 사람은 화가 나도 상대방과 자신 사이에 불법을 두기 때문에 감정을 폭발하지 않고, 그 성낸 마음을 빨리 가라앉힙니다. 또한 뒤에 분노가 남지 않습니다. 분노가 남지 않기 때문에 그 일로 인하여 상대방을 미워하지 않습니다. 이렇게 누구라도 화는 나지만, 이것을 다스리는 데 기도하는 불자와 그렇지 못한 사람의 차이가 나는 것입니다.

인생은 본래 어려운 것

　많은 사람들이 불교는 어렵다고 하소연합니다. 여기에는 물론 다른 종교에 비해서 더 어렵다는 의미도 있을 것입니다. 무엇이 어려우냐고 반문하면, 다른 종교는 있음과 없음을 분명히 밝히는데 불교는 왜 있는 것도 아니고 없는 것도 아니라고 하느냐고 말합니다. 이 외에도 교리적으로 다른 어려운 점이 많은 것은 사실이지요.

　그러나 인생 자체가 어렵다는 것을 생각해보면 불교가 어려운 것이 이해되리라 여겨집니다. 불교란 인생의 모든 문제를 해결하기 위해서 그 본질을 밝힌 종교이기 때문입니다. 보십시오. 현재 우리 주변에는 노사분규다, 평화의 댐이다, 부정이다, 비리다 하여 얼마나 어려운 삶이 연출되고 있습니까? 불교는 바로 이 어려운 인생을 풀어서 해결해 주는 처방전입니다. 때문에 생명과 인간을 문제로 삼는 종교 가운데 쉬운 것이 있다면 그것은 사람에 대한 일종의 기만행위가 되겠지요. 불교가 어려운 것이 아니라, 인생은 본래 어렵다는 것에서부터 불교공부가 시작되어야 할 것 같습니다.

지혜와 지식

사람이 짐승에 비해서 존귀하다는 것은 뭐니 뭐니 해도 지혜가 있기 때문이 아닌가 생각됩니다. 그러나 한편으로 지혜가 있기 때문에 동물에게는 찾아볼 수 없는 범죄를 저지르게 됨을 부정할 수 없습니다. 이러한 지혜를 불교에서는 지식이라고 하여, 지혜와는 구별을 하고 있습니다. 참된 지혜란 무엇이 진실한 것인가를 끊임없이 추구하여 얻어지는 것이고, 이것은 또한 참된 가르침과 만났을 때 가능합니다. 참된 가르침을 만나지 못하면 진실한 지혜는 결코 갖출 수 없는 것이지요.

이 참된 지혜는 부처님에게서 나오는 것입니다. 참된 지혜는 부처님을 통하여 우리들에게 끊임없이 부어지고 있습니다. 그런데 불행하게도 우리 주변에는 부처님의 품속에 있으면서도 지혜가 아닌 지식의 습득에만 매달리는 사람을 보게 됩니다. 그는 지식인이 되기를 바라는 사람이지, 지혜인이 되기를 원하지 않는 사람일 겁니다. 불교공부를 열심히 하면서도 잘못된 행동으로 다른 사람의 비난을 받는 사람이 있다면, 그는 분명히 불교를 지식으로 이해하고 있을 뿐이기 때문입니다. 자신을 한번 살펴보십시오.

제5장

세간과 출세간

어린이날과 어버이날

『삼국유사』 제 5권에는 손순매아(孫順埋兒)라는 항목이 있습니다. 신라시대 경주에 손순이라는 사람이 살았는데, 늙으신 어머니를 잘 봉양하기 위해서 자식을 땅에 묻으려 했다는 효자의 이야기가 그 줄거립니다.

5월 달에는 어린이날과 어버이날이 3일 간격으로 있습니다. 자식을 키우면서 부모님을 모셔야 하는 3,40대 가장이나 주부들로서는 양일 모두가 여간 신경 쓰이는 날이 아닐 수 없습니다. 그러나 어느 날에 더 비중을 두어야 하는가는 삼국유사의 이야기가 잘 말해주고 있습니다.

그런데도 현재 우리들은 어떠합니까? 자식을 위해서는 자기 목숨도 아끼지 않을 만큼 온갖 정성을 다하면서도, 부모를 위해서는 무엇을 얼마나 하고 있습니까. 아니 오히려 귀찮아하고 있지는 않습니까? 옛 우리말에도 자식 팔아 부모 산다는 것은 있어도 부모 팔아 자식 산다는 말은 없지요. 자식 아끼는 정성의 10분의 1만 부모에게 바쳐도 그는 효자라는 말을 들을 것입니다.

성년의 날

5월 17일은 '성년의 날'입니다. 올해로 만 20세가 되는 청소년들의 어른 됨을 축하하는 날입니다. 나이 스무 살이면 확실히 어른이라 할 수 있는데, 요즈음 부모들의 과보호 아래서 자란 청소년들이 과연 정신적으로 어른이 되었는가 생각해봐야 할 것 같습니다. 옛날부터 삶의 중요 의례를 관혼상제(冠婚喪祭)라 하고 있듯이 관례, 즉 성년식은 우리 민족이 중요하게 여겨왔습니다. 그런데도 조선시대의 숭유억불정책 때문에 불교적 성년식이 없었습니다.

일본에서 공부를 하고 있을 때, 그 곳의 성년식을 몇 차례 본 적이 있습니다. 그 해 성년이 된 사람은 당일엔 학교에 가지 않고, 그들의 옷인 기모노를 차려입고 가족과 함께 부처님 전에 꽃을 올리던 모습이 지금도 부러움과 함께 눈에 선합니다. 우리들도 이제부터 불교의 성년식을 제도화해야 하지 않을까 생각됩니다. 그렇다고 제도가 정해지기를 기다릴 수만은 없겠지요. 우선 성년이 된 자녀에게 한복을 해 입히고 자녀와 함께 부처님 전에 나아가 꽃을 공양하고 예배하며 축원하는 것부터 시작하는 것이 좋지 않을까요.

존경받지 못하는 아버지

사람이 살아가면서 느끼는 행복감에는 여러 종류가 있겠지만, 그 중에는 주변에 존경할 만한 사람이 있다는 것도 큰 몫을 차지할 겁니다. 그래서 부처님께서도 성도하신 직후에 "존경할 만한 사람이 없는 것은 불행하다."라고 말씀하고 계십니다. 사실 살아가면서 주변에 존경할 만한 인물이 없다는 것은 누구를 막론하고 불행의 한 원인이 될 수가 있지요. 그런데도 요즈음 우리 주변에는 존경할 만한 인물이 잘 보이지 않는 것 같습니다. 그렇다고 낙담할 필요는 없습니다. 우리 스스로가 존경받는 부모가 되고, 존경받는 선배가 된다면 그 후배나 자식은 행복하지 않겠습니까.

그런데 여기 문제가 하나 발생했습니다. 어느 복지재단에서 10대 청소년을 대상으로 조사한 바에 따르면, 커서 아버지처럼 되지 않겠다는 대답이 56%나 되었다고 합니다. 이 말은 우리 청소년의 절반 이상이 아버지를 존경하지 않는다는 의미가 되겠지요. 그렇다고 이 아이들이 달리 존경하는 인물을 가지고 있는 것 같지도 않습니다. 전국의 아버지 여러분, 사랑하는 자식의 행복을 위해서라도 존경받는 아버지가 되도록 노력해야 할 것 같습니다.

일곱 종류의 아내

저는 결혼식 주례를 맡았을 때, 주례사에서 빠뜨리지 않고 하는 말이 하나 있습니다. "부처님께서는 옷깃만 스쳐도 5백 생의 인연이 있다고 하셨는데, 남남이 만나서 부부가 되는 인연만큼 지중한 것이 세상에 어디 있겠습니까." 하는 말입니다.

그렇지요. 옷깃만 스쳐도 5백 생의 인연이라면 부부가 되는 인연은 몇 천생 인연의 결과일 겁니다. 그런데도 그 지중한 결혼이라는 인연의 만남이 현실에서는 그렇게 순조롭지만은 않는 것 같습니다.

부처님께서는 『옥야경』에서 '세상에는 일곱 종류의 아내가 있다.'고 하면서 어머니 같은 아내, 누이 같은 아내, 선지식 같은 아내, 아내 같은 아내, 여종 같은 아내, 원수 같은 아내, 목숨을 빼앗는 것 같은 아내를 들고 계십니다.

신문 사회면에 억대의 도박판을 벌이다가 경찰 고위직에 있는 남편들을 직위해제 당하게 한 부인들의 기사가 큼지막하게 실렸습니다. 필시 원수 같은 아내가 아닐까 여겨집니다. 전국의 주부 여러분, 여러분은 어느 아내에 든다고 생각하십니까?

할아버지의 존함

식목일이자 한식날입니다. 나무를 심는 사람이 가장 주의해야 할 일은 나무의 뿌리를 잘 보존하는 일입니다. 왜냐하면 뿌리에 의해서 나무는 생장하고 마침내 열매를 맺을 수 있기 때문이지요. 이러한 이치는 인간이 세상을 살아가는 데도 그대로 적용됩니다. 한식을 맞이하여 많은 분들이 조상님의 산소에 성묘를 할 것입니다. 우리들이 조상님이나 부모님을 잘 모시는 것은 조상님이 곧 우리들의 뿌리이기 때문입니다. 뿌리인 조상님이 없이는 그 줄기나 잎이라 할 수 있는 현재의 나는 있을 수 없기 때문입니다.

그런데 어느 여론조사 기관에서 20대 기업에 근무하는 300명을 상대로 "할아버지의 존함을 알고 계십니까."라는 질문을 했더니, 다섯 명 가운데 한 명 꼴로 모른다고 대답했다는 것입니다. 아마 할머니의 성함을 질문했다면 이보다 더한 결과가 나왔겠지요. 우리들이 이 세상에 살아있다는 것은 우리의 조상님이 계셨기 때문이라는 사실은 그 누구도 부인하지 못할 것입니다. 아무리 핵가족 시대라 하지만, 조부모의 존함도 모르면서 어찌 자식에게 효도받기를 바랄 수 있겠습니까? 조상님을 잘 모시는 것이 자신이 잘 사는 길이라는 생각이 새삼 듭니다.

등잔 밑이 어둡다

얼마 전에 발표된 한 연구보고서를 보니 오늘날의 신세대들은 이모를 제일 가까운 친척으로 여긴다고 했습니다. 삼촌은 외사촌보다 뒤진 세 번째였습니다. 이것은 요즈음의 젊은이들이 어머니쪽 혈족에 더 친밀감을 가지고 있다는 하나의 증거가 되는 동시에, 핵가족 사회에 따른 가족 공동체 개념이 차츰 변하고 있다는 사실을 말해주는 것이겠지요. 물론 이러한 현상에 대하여 그 잘잘못을 구별할 수는 없을 것입니다.

『법구경』에는 "숟가락은 그릇에 닿지만 그 맛을 모른다."는 말이 있습니다. 우리 속담의 "등잔 밑이 어둡다."는 것과 흡사한 말로서 가까운 것, 곁에 있는 것일수록 그 참모습이 눈에 잘 뜨이지 않는다는 의미를 담고 있습니다. 사람은 자칫하면 먼 것은 중히 여기고 가까운 것은 소홀히 하기가 쉽습니다. 삼촌이나 사촌 형제가 촌수로서 너무 가까이 있기 때문에 그 값어치를 모를 수가 있지요. 가까이 있는 사람의 진가를 발견하는 하루가 되었으면 합니다.

재산의 관리

부처님께서 말씀하신 경전을 넘기다 보면, 거기에 담겨져 있는 내용의 다양성에 다시 한 번 놀라게 됩니다. 경전에는 인간의 삶에서 벌어지는 모든 것, 심지어 남녀의 사랑 이야기까지 나옵니다. 이러한 숱한 비유와 법문 속에 재산의 관리에 관한 것이 없을 리 없지요. 『선생자경』에는 부처님께서 "사람은 노력하여 재물을 모아야 하며, 모아진 재물은 4등분해서 4분의 1은 의식주의 생활에 쓰고, 4분의 2는 생업을 경영해 가며, 나머지 4분의 1은 저축하여 만일의 경우를 대비하라."고 말씀하십니다.

사업을 하든 직장생활을 하든 한 가정을 꾸려가는 데는 돈이 있어야 합니다. 그런데 벌어들인 그 돈을 어떻게 사용하는가 하는 것은 돈을 버는 것만큼 중요합니다. 부처님께서는 재물을 모으기 위해서 구두쇠가 되어서도 안 되고, 그렇다고 내일을 생각지 말고 오늘을 마음껏 즐기라고 말씀하시지도 않았습니다. 월세방에 살아도 자가용은 있어야 한다는 요즈음의 젊은이가 이 『선생자경』의 말씀을 한번쯤 음미해 보면 좋겠다는 생각이 듭니다.

참교육

　해방 이후 우리 사회의 가장 뜨거운 감자 중의 하나가 교육문제가 아닌가 합니다. 요즈음도 전교조와 정부가 이 문제로 갈등을 빚을 때가 많지요. 그런데 그 갈등의 쟁점에는 전교조 측이나 정부 측이나 '참교육'이라는 말을 사용하고 있습니다. 같은 우리말인 참교육이라는 단어가 각기 다른 의미로 사용되고 있는 것은 아닌가 해서 의아해집니다.

　부처님께서는 『출요경(出曜經)』에서 "교육이란 학생으로 하여금 선과 악을 정확히 알게 함이며, 뒤바뀜과 뒤바뀜이 아닌 것을 분명히 구별케 하는 것"이라고 설하고 계십니다.

　또한 『열반경』에서는 "차라리 조금 배워 인간의 도리를 이해할지언정, 많이 배우기만 하고 도리는 이해 못함을 택해서는 안 된다."고 말씀하시고 계십니다. 부처님께서는 인간이 세상을 살아가는 데는 학력보다 앞선 인간의 도리 즉 인간관계가 있고, 바른 것을 바른 것이라고 분명히 말할 수 있도록 가르치는 것이 교육이라고 하셨습니다. 바로 이 말씀이 참교육의 자리매김에 하나의 이정표가 아닌가 여겨집니다.

참된 인간교육

화초나 채소를 기르는 데는 비료나 물, 태양이 필요합니다. 거기에는 또한 정성이 절대적으로 필요합니다. 사람을 키우는 데도 역시 음식이나 학습환경, 생활환경, 학문지식도 필요하지만, 역시 가장 중요한 것은 자식을 아끼는 사랑일 것입니다. 그렇다면 어떤 것이 자식을 아끼는 진정한 사랑일까요.

『화엄경』에는 "소가 물을 마시면 젖이 되고, 뱀이 물을 마시면 독이 된다. 슬기로운 사람이 배우면 깨달음을 이루고 어리석은 사람이 배우면 윤회를 이룬다."는 법문이 있습니다.

어떤 부모는 밤낮없이 과외로 자식을 혹사시키는 것이 자식을 위하는 마음이라고 하고, 또 다른 사람은 그저 방임하는 편이 좋다고 말하기도 합니다. 그러나 문제는 같은 물을 마시고 젖을 만들 것인가, 독을 만들 것인가 하는 것입니다. 따지고 보면 사람이 교육을 받는다는 것은 사람답게 사는 법을 익히는 것이지요. 때문에 자식을 교육시키는 데 있어서 과외공부보다 더 중요한 것은 보시하는 마음, 감사하는 마음, 이웃을 아끼는 마음 등의 불교적 심성을 심어주는 것이 아닌가 생각됩니다. 이것이 바로 자식을 진정으로 사랑하고 아끼는 마음이 아닐까요?

과외 유감

　요즈음은 초등학교 어린이들도 자기 동무와 만나 함께 놀기 위해서는 며칠 전에 약속을 해야 한다고 하지요. 그 이유는 학교 공부를 마친 뒤에도 갖가지 과외 공부로 서로가 너무 바빠서 놀 수 있는 시간이 많지 않기 때문이라는 겁니다. 흔히 과외망국병이라는 말을 쓰고 있습니다. 여기에는 물론 한 가정에 월 40~50만 원 이상의 과외비 지출로 경제가 어려워지는 측면도 있지만, 이것 못지않게 중요한 것은 어린이들의 삶을 어른들이 빼앗아버린다는 사실입니다.

　그뿐만 아닙니다. 한국청소년개발원에서 설분조사를 한 것을 보면, 놀랍게도 청소년의 47%가 '때때로 죽고 싶다.'는 충동을 느낀다고 합니다. 또한 청소년의 3분의 1이 넘는 숫자가 "하루하루 사는 것이 힘들다."라고 대답하고 있습니다. 무엇이 청소년들을 이렇게 힘들게 하는 것일까요. 중·고생 과외비가 연 4조원을 넘고 있다는 감사원 보고가 그 해답을 주고 있습니다. 어른에게는 어른의 삶이 있듯이 어린이는 어린이대로, 청소년은 청소년대로 나름의 삶이 있어야 하지 않을까요.

추억 만들기

　부처님 오신날을 앞두고 봉축법요식 준비에 여념이 없는 날입니다. 그 중에서도 마지막 손질이 아기 부처님을 목욕시키는 관욕대를 꾸미는 꽃꽂이가 아닌가 여겨집니다. 갖가지 꽃 타래에 둘러싸인 향탕 속에 탄생불을 안치하고 조롱박으로 아기 부처님을 목욕시키는 그 모습은 마치 한 폭의 수채화를 연상케 합니다.

　이렇게 부처님 오신날 행하는 관욕 가운데서 어린 아기의 앙증맞은 손으로 하는 관욕은 더욱 아름다워 보입니다. 어머니의 팔에 안겨서 부처님 머리에 물을 붓는 해맑은 웃음이 그렇게 예쁘게 보일 수가 없습니다. 해마다 맞이하는 부처님 오신날에 어린 자녀와 함께 해서, 자녀들로 하여금 관욕의 추억을 심어주는 것, 행복한 삶의 현장이 되기에 충분할 것입니다.

대마초와 청소년

새벽이 열리고 뜰 앞에 나서면 산새들이 지저귀며 날아다니는 모습이 보이고, 까치도 그 둥지 위에서 아침을 노래하는 소리가 들립니다. 평화로운 불국토의 아침이라는 생각이 들곤 합니다. 그러나 눈길을 우리 인간의 삶으로 돌리면 사정은 조금 달라집니다. 자기가 살기 위해서 남을 죽이는 일이 태연히 벌어지고 있으니 안타까운 일이 아닐 수 없습니다.

청소년들의 대마초 흡연율이 42%나 된다고 하지요. 상습적으로 술을 먹는 청소년은 얼마나 될까요? 대마초나 술을 청소년들이 만들고, 그들이 파는 것은 아니지요. 모두가 우리 어른들이 하고 있습니다. 바로 어른들이 자신의 삶을 위해서 청소년들을 죽이고 있는 한 현상이라 해도 과언이 아닙니다. 우리들은 요즈음의 청소년들이 버릇이 없고, 나약하고, 자기만 안다고 나무랍니다. 그러나 청소년을 그렇게 만든 장본인이 바로 어른들입니다. 정신을 바로 해야 할 사람은 청소년들이 아니라, 바로 우리 어른들이라는 생각을 지울 수가 없습니다.

나이 계산과 낙태

나이를 셈할 때, 우리들은 태어나면 한 살로 치는 반면에 서양 사회에서는 일 년이 지나야 한 살로 간주합니다. 이것은 사람이라는 이름을 언제부터 얻는가 하는 견지에서 대단히 중요한 것을 시사해 줍니다. 즉 우리 나라는 임신기간 10개월을 인간으로 대접하여 태어나면 바로 한 살이고, 서양에서는 10개월의 임신 기간을 인간으로 생각하지 않기 때문에 나이를 주지 않는 것이지요.

부처님께서는 수태와 동시에 인간이라 하여 우리 나라의 입장을 취하고 있습니다. 따라서 불교에서는 태아를 없애는 것을 살생이라고 합니다. 인간 생명을 출산 때부터 계산하는 서구사상의 영향 때문인지 우리 나라에서도 낙태가 공공연히 이루어진다고 하지요. 여기에는 종교의 유무에 관계없다고 합니다. 한 연구 보고서에 의하면 낙태 경험이 있는 불자가 무려 38%나 된다고 합니다. 부처님 말씀을 실천하는 사람을 불자라고 함은 재론이 필요 없을 것입니다.

대학입시부정

　연초부터 시작된 대학 입시 부정 비리가 끝없이 우리 사회를 혼란의 도가니로 몰아넣고 있습니다. 부모가 자식을 교육시키는 것은 당연한 일임에 틀림이 없습니다. 그러나 거기에는 정도가 있어야 합니다.

　『육방예경』에는 "부모는 자식을 돌보는 데 있어서 다섯 가지를 행해야 한다. 첫째는 악을 떠나 선에 나아가도록 함이요, 둘째는 글을 가르침이요, 셋째는 진리와 계율을 받들게 함이요, 넷째는 일찍 아내를 얻게 함이요, 다섯째는 집안에 있는 재물을 급여함이다."라고 설하고 있습니다.

　부처님께서도 부모의 의무로 글을 가르치는 것을 들고 있습니다. 그러나 입시 부정은 결과적으로 내 자식의 교육을 위해서 남의 자식의 일생을 망치게 할 수도 있는 부도덕한 일입니다. 아니 그것은 도덕 이전에 죄악이라고 해야 할 것입니다. 부정이다, 비리다 하는 도덕적으로서가 아닌, 죄를 지은 사람으로서의 참회가 있어야 한다는 생각이 듭니다.

덩치와 체력

2차 세계 대전 전까지 프랑스의 식민지였던 베트남에는 학교에 운동장이 없었다고 합니다. 프랑스가 식민통치를 할 때 학교를 설립하면서 운동장을 만들지 않았기 때문입니다. 프랑스인들은 베트남의 학생들이 운동장에 뛰어놀면서 체력을 연마하는 것을 두려워한 것입니다. 당연히 베트남인들은 신체적으로 강인하게 될 수가 없었지요.

외화내빈(外華內貧)이라는 말이 있지요. 겉으로는 화려하게 보이지만 속은 텅 비어있다는 말입니다. 통계에 의하면 우리 나라의 청소년들은 10년 전에 비해서 외형적인 덩치는 커졌지만, 체력은 현저하게 약해졌다고 합니다. 참으로 걱정스러운 일이 아닐 수 없습니다. 그렇다고 우리 어른들은 괜찮은가 하면 그렇지도 않은 것 같습니다. 물질적인 풍요 속에 제반 생활여건은 놀랄 만큼 향상되었습니다. 그러나 그 속의 정신 상태는 어떠합니까. 갈수록 심성은 포악해지고 인간다움은 사라져가는 것이 오늘날의 초상이 아닐까요. 불심으로 자신을 살찌우는 정신혁명이 있어야 한다는 생각이 더욱 간절한 이즈음입니다.

의예과의 높은 점수

대학입시철만 되면 대학마다 학과마다 그 점수와 경쟁률이 우리들의 이목을 집중시킵니다. 그런데 한 가지 특이한 점은 어느 대학교를 막론하고 의예과가 높은 점수와 아울러 경쟁률도 치열하다는 사실입니다. 의예과가 무엇입니까. 봉사와 헌신을 근본으로 하는 인술을 가르치는 학과가 아닙니까. 소위 보살행을 생명으로 하는 직업인을 만드는 곳입니다. 우리 사회에 이렇게 보살들이 많은지, 아니면 의술을 돈을 많이 버는 학과라고 생각하는지 못내 궁금합니다.

이와는 반대로 이공계 학과는 고전을 면치 못합니다. 공과대학 출신들이 푸대접을 받습니다. 생각해 보면 인간의 삶을 풍요롭게 만든 장본인이 이공계 출신 과학자들이라는 것을 금방 알 수 있습니다. 그들이 냉장고도 만들고 온풍기도 만들었습니다. 자동차도 만들고 전화기도 만들었습니다. 그들이야말로 보살의 화신이라 할 만합니다. 그런데도 우리 사회는 그러한 보살들은 푸대접하고, 돈을 많이 버는 의사라는 보살만을 선호합니다. 저는 여러분의 자녀가 돈 버는 데만 현혹되지 않기를 간절히 바랍니다.

졸업식

제가 알고 있는 어떤 분 가운데에 자신의 생일날에는 꼭 부모님께 감사의 큰절을 올리는 사람이 있습니다. 생일날에는 당연히 축하를 받아야 하는 것으로 알고 있는 현대인들로서는 이해하기 어려울지 모르지만, 이 생각이야말로 참된 생일의 의미를 알려주고 있다고 여겨집니다. 자신이 이 세상에 태어난 것은 오로지 부모님의 덕택이지요. 자기가 잘나서 존재하는 것이 아닙니다. 따라서 당연히 생일날은 부모가 감사의 인사를 받아야 할 것입니다.

학교 졸업식도 마찬가지라는 생각이 듭니다. 물론 3년이나 4년을 수학하고 졸업을 한다는 사실은 축하할 일입니다. 당사자가 꽃다발을 받아야 할 날입니다. 그러나 그 졸업의 뒤에는 부모님의 헌신적인 노력이 있었습니다. 부모니까 당연히 해야 할 일을 했다고 여길 수는 없는 것입니다. 우리 사회에는 아직도 집안 사정이 어려워 공부를 제대로 하지 못하는 사람이 너무나 많기 때문입니다. 졸업식이 부모님의 은혜를 생각하고 감사하는 날이 되어야 하지 않을까 생각됩니다.

남녀평등

우리 사회는 서구의 평등사상이 구호적(口號的)일지 모르나 보편화되었고, 따라서 수천 년 동안 여성을 짓누르고 있던 남존여비사상도 남녀평등이라는 보편적 가치 앞에 항복을 했습니다. 때문에 건군 이래 금녀의 집이었던 삼군 사관학교에서 여성 생도가 수학을 할 수 있게 되었고, 각종 산업현장과 교육계, 언론계는 물론 스포츠에서도 여성은 남성에 뒤지지 않는 역할을 할 수 있게 되었습니다.

그렇다면 남녀 사이에 있어서 평등이란 무엇일까요. 『금강경오가해(金剛經五家解)』에는 "평등이라 함이 어찌 산을 깎아서 연못을 채우는 것이며, 학의 다리를 잘라 오리 다리에 이은 연후에라야 그렇게 되는 것인가. 긴 것은 긴 것에 맡기고 짧은 것은 짧은 데 맡기며, 높은 곳은 높은 데 맡기고 낮은 곳은 낮은 데 맡김이 평등이다."라는 구절이 있습니다. 무조건적인 동등이 아니라, 온갖 사물의 유별 속에 참된 평등이 있음을 적시한 말입니다.

여대생들이 사발로 술을 마시는 것이 남녀평등의 일환이라고 생각한다면, 이것이야말로 학의 다리를 잘라서 오리 다리에 붙이는 평등이 아닐까 여겨집니다.

재두루미와 레저

　방사된 한 마리의 재두루미가 교통사고로 죽은 데 대하여 도하의 많은 매스컴들이 대서특필을 했습니다. 그런가 하면 그 신문의 한편에서는 사냥이나 낚시를 현대인의 좋은 레저로 소개하고 있습니다. 여기에서 우리들은 인간의 그 이기적 성격을 다시 한 번 보게 됩니다. 따지고 보면 야생하는 꿩의 생명과 재두루미의 생명에는 하등의 차이가 있을 수 없습니다. 아니 꿩에게는 자신의 생명이 사람 생명보다 훨씬 소중하겠지요.

　부처님께서는 '살아있는 생명을 죽이지 말라.' 고 계율로서 정하고 계십니다. 모든 생명을 존중하는 사상이지요. 그렇다고 우리 인간세상에서 현실적으로 존재하는 어업이나 목축업을 전부 폐지하자는 것은 아닙니다. 문제는 단지 인간의 재미를 위해서 다른 생명들이 가장 소중하게 생각하는 그 생명을 죽인다는 데에 있습니다. 그러면서도 매스컴에 등장하는 특정 동물에 대하여는 자비의 화신인 것처럼 행동하는 사실입니다. 재두루미의 죽음을 안타까워하는 그 마음들이 레저라는 이름으로 죽어가는 많은 생명들을 돌이켜보는 계기가 되었으면 합니다.

마약과 불음주계

　부처님께서 생활규범으로 정하신 것을 계율이라고 합니다. 이 계에는 여러 종류가 있지만, 재가신도를 위해서 특별히 재가오계를 설하고 계십니다. 그 재가오계의 다섯 번째가 "술을 절제하라."는 것입니다. 왜 부처님께서는 술을 절제하라고 하셨을까요. 술이라는 것이 사람의 정신을 혼미하게 하여 인간이 견지해야 할 본연의 자세를 흐트리기 때문입니다. 거기에서는 부차적인 나쁜 행동이 유발되기 때문입니다.

　그런데 술이라는 것이 꼭 마시는 것에만 해당되는 것은 아닙니다. 허무주의나 공산주의 등 그릇된 사상에 붇드는 것노 술을 마시는 것이 되고, 마약을 복용하는 것도 술을 마시는 것이 됩니다. 검찰청의 발표에 의하면 마약사범이 작년에 비해서 3배나 증가했다고 합니다. 마약이 없는 건전한 사회를 이룩하기 위하여 불음주계의 재인식과 사회적인 확산이 시급하다는 생각이 듭니다.

음주 습관

오래 전 해병대에 근무할 당시, 신임 소위 신고식에서 헬멧에 가득하게 술을 채워 마시게 하는 것을 보고 무척 놀란 적이 있습니다. 그런데 요즈음 대학가에서 신입생 환영식에 냉면 그릇에 술을 채워 단숨에 마시게 하고, 이 일로 학생이 죽기까지 했다는 말을 듣고는 말문이 막힙니다.

『대지도론』 13권에서는 술을 마시는데 35가지의 허물이 있다고 설하고 있는데, 여기에도 술 때문에 목숨을 잃는다는 말은 없습니다.

비록 젊음의 객기라고 넘길 수도 있겠지만, 요즈음 사람들의 술 마시는 습관이 옛날보다는 훨씬 격해졌다는 생각은 지울 수가 없습니다. 또한 요즈음 신세대들이 주장하는 말 가운데 군사문화 척결이라는 말도 있지요. 그 신세대들이 대표적인 군사문화인 철모에 술 채워 마시기를 답습하다 사람까지 죽다니, 이것이 무슨 조화인지 모르겠습니다. 신세대는 신세대다운 음주문화가 있어야 할 것입니다.

돈세탁

　금융실명제·부동산실명제·가명과 차명, 이러한 어휘들은 얼마 전까지만 해도 우리네 평범한 서민들과는 거리가 먼 생소한 말이었습니다. 그도 그럴 것이 예금은 자기 이름으로만 하고, 부동산을 구입할 때는 으레 본인의 이름으로 하는 것 외에는 달리 생각해 본 적이 없었기 때문입니다. 이런 가운데 이번에는 검은 돈에 관한 '돈세탁 금지법'이 추진되고 있다는 보도까지 나오고 있으니, 참으로 이상한 일이 아닐 수 없다는 생각이 듭니다. 그렇게도 자기 이름 내기를 좋아하는 사람들이 돈과 관련하여 자기 이름을 애써 숨기려고 하니 말입니다. 그것도 빨래감도 아닌 것을 세탁까지 하면서 말이지요.

　부처님께서는 『수타니파타』에서 "허공으로 가건 바다로 가건 산 중의 동굴에 숨건 악업에서 벗어날 곳은 이 세상에 없다. 그 어떤 업도 없어지지 않는다. 그것은 되돌아와 원래의 임자가 그것을 받는다."고 하셨습니다. 가명이 되었든 실명이 되었든 법망은 피할 수 있을지 모르지만, 업인연의 법칙을 벗어날 수 없다는 것입니다. 살아서 행한 모든 것을 자신이 가지고 저승으로 가겠지요.

직업의 네 가지 조건

　여권을 연장하는 신청서에 직업란이 있었습니다. 사실 이럴 때 저는 무척 곤혹스럽습니다. 왜냐하면 저는 수행자이지 직업인이 아니기 때문입니다. 그렇다고 공석으로 비워두면 접수 자체가 안 되기 때문에 어쩔 수 없이 승려라고 빈칸을 메웠습니다. 저는 그렇다 치고, 사실 사람들이 살아가기 위해서는 재물이 필요하고, 그 필요한 재물을 벌기 위해 직업을 갖습니다. 이 직업이 옛날에야 사농공상(士農工商)이라는 네 부류의 직업군을 설정하고 있는 데서 보듯이, 직업이라는 종류가 많지 않았습니다. 그런데 어느 연구소의 발표에 의하면 현재 우리 나라에는 직업 수가 11,300여 개나 된다고 합니다.

　부처님께서는 『상응부경전』에서 "법에 의해서 재물을 구하지 폭력에 의하지 말고, 그 구해진 재물로 살며, 재물을 분배하여 타인을 행복하게 하고, 재물의 노예가 되어 죄악에 떨어지지 말라."고 말씀하고 계십니다. 물론 만 개가 넘는 이 많은 직업 중에 조폭이나 도둑 같은 것을 직업이라고 했을 리는 없겠지요. 그렇지만 우리들이 가지고 있는 직업이 과연 부처님께서 말씀하신 네 가지 조건에 부합하는지는 돌이켜 보아야 할 것 같습니다.

국회 청문회

얼마 전 부산 해운대를 갔는데, 백사장에서 바라보니 유람선 주변을 갈매기가 계속 따라다니고 있었습니다. 무심히 그 모습을 보다가 같이 있던 도반스님에게 "왜 갈매기가 유람선을 따라다니느냐."고 물은 즉, 그 도반스님은 "갈매기가 심심해서 그런다."는 대답을 했습니다. 그 때 저의 뇌리에는 정말 갈매기는 심심할 수도 있겠다는 상념이 스쳐 지나갔습니다. 우리들 인간의 삶에서도 심심해서 시간 죽이기에 애쓰는 경우가 더러 있으니까요. 그러나 인생을 진지하게 사는 사람에게는 심심하다는 것이 있을 수 없겠지요.

가끔 국회에서 청문회가 벌어지는 일이 있습니다. 그 때마다 증인들이 불려나오고, 의원들의 질문에 증인들은 한결같이 "모릅니다, 기억이 나지 않습니다."라고 대답합니다. 그러면 의원들은 똑 같은 질문을 몇 시간이고 계속하지요. 물론 이러한 장면을 보고 있는 국민들은 화가 납니다. 정말이지 설왕설래하는 이러한 일들이 심심해서 나온 것이 아니기를 바라는 마음 간절합니다.

세금도둑의 면역성

한강변에 오리 떼들이 많이 보입니다. 저 북쪽 조용한 곳에 살다가 어떻게 이렇게 시끄러운 서울 근교에 살 수 있을까 신기하기도 합니다. 자동차가 길 가에서 달려도 전혀 개의치 않고 유유히 떠있는 모습이 놀랍습니다. 그러나 저 오리 떼들도 처음에는 놀라고 두려워했겠지요. 그러다가 차츰 소음이나 인적에 면역이 된 것이 아니겠습니까.

연일 세금도둑 기사로 신문 사회면이 장식되고 있습니다. 비단 세금을 도둑질한 공무원만의 문제는 아닙니다. 우리 나라 공직자의 비리는 세계적으로 평이 나 있다고 하니까요. 그러나 그들도 처음 비리를 저지를 때, 가슴이 뛰는 두려움이 있었겠지요. 그러다가 어느 사이에 면역이 된 것이겠지요. 옳지 못한 짓에 면역이 되는 것만큼 큰 재앙도 없는 것 같습니다.

정치인의 몸싸움

『대지도론』에서는 말법세상의 한 특징으로 투쟁견고(鬪爭堅固)를 들고 있습니다. 수행은 하지 않고 서로 간에 싸움만 일삼는다는 것이지요. 그래서 그런지 요즈음 국회의원들의 몸싸움하는 모습이 뉴스를 곧잘 장식하곤 합니다. 그러나 승속을 막론하고 그 사회의 지도급 인사들이 벌이는 원시적 · 물리적 싸움은 명분이야 어떠하든 보기가 무척 거북합니다.

부처님께서는 『법구경』에서 "이기면 원망을 낳고 지면 스스로 열등감에 빠진다. 승부를 다투려는 마음만 버린다면 다툼이 없어져서 편안해 진다."라고 말씀하고 계십니다.

인간에게는 투쟁본능이라는 것이 있다고 합니다. 타인에게 져서는 안 된다, 타인을 능가하지 않으면 안 된다 하는 그러한 종류의 본능을 말합니다. 그러나 다른 사람에 비해서 뒤지고 싶지 않다는 그 본능적인 심정을 모르는 바 아니지만, 그렇다고 다른 사람을 우격다짐으로 무너뜨리려고 해서야 되겠습니까. 정말 국민을 위한 싸움인가 승부를 위한 싸움인가 함께 생각해 보고 싶습니다.

정치인과 국방의무

국회의원 선거일을 앞두고 그 열기가 전국을 후끈거리게 하고 있습니다. 저마다 자신만이 국가와 민족을 위해서 가장 열심히 일할 사람이라고 주장하고, 개중에는 목이 쉬어 말이 잘 나오지 않는 후보자도 보입니다. 자신을 돌보지 않고 주민을 위해서 일하겠다고 목이 쉬도록 외치는 저 사람들의 진심은 무엇일까 못내 궁금해집니다.

언제나 휴전선 155마일에는 긴장감이 감돌고 있습니다. 그곳에는 그야말로 국가와 민족을 위해서 병역의 의무를 다하는 군인들이 있지요. 자기가 아니면 가족의 생계가 어려운 젊은이도 그 의무를 다하기 위해서 군복을 입습니다. 그러나 과거 국회의원 중에는 갖가지 방법으로 군면제를 받은 사람들이 상당 수 있었습니다. 지금 국가와 민족을 운운하는 국회의원 후보자 가운데 혹시 고의로 병역조차 마치지 않은 사람은 없는지 살펴보고 싶습니다.

청와대 불상 공개

청와대 뒷산에는 서울시 문화재인 불상이 있습니다. 이 불상이 김영삼 대통령 시절 구설수에 오른 적이 있습니다. 기독교 장로인 김 대통령이 취임하고 나서 연이어 터지는 대형사고의 원인이 청와대 불상을 파손했기 때문이라는 소문이 시중에 자자했던 것이지요. 급기야 청와대는 불상의 온전함을 공개하는 해프닝을 벌였습니다. 물론 대자대비하신 부처님께서 어찌 당신을 푸대접한다고 재앙을, 그것도 인명을 해치는 무자비한 일을 하실 수야 있겠습니까. 부처님께서는 오직 일체 중생의 선행만을 보시지요.

그러나 여기서 분명히 짚고 넘어가야 할 것은 종교에 의한 국민정신의 분열과 조장은 국태민안에 결코 도움이 되지 않는다는 사실입니다. 불교에서는 가장 큰 죄악을 오역죄라고 부릅니다. 도저히 구제받을 수 없는 다섯 가지 죄악이라는 말인데, 이 가운데 다섯 번째가 파화합중이라는 것입니다. 화합해서 잘 수행하고 있는 승가를 파괴한 죄를 말하지요. 그러나 이것이 어디 승단에만 국한된 말이겠습니까. 국민의 화합을 깨는 것도 파화합중일 수 있고, 민족을 분열시키는 것도 예외는 아닐 겁니다.

책임정신

　현대 사회의 한 특징을 말할 때 흔히 조직사회라고 하지요. 때문에 현대 사회에서는 그것을 구성하고 있는 조직원이 맡은 바 책무를 다할 때만이 원활하게 움직여 나갑니다. 만에 하나 그 구성원 가운데 누군가가 자기 일을 방기한다면 엄청난 혼란을 가져올 수가 있습니다. 여느 때처럼 거리에는 교통을 단속하는 경찰들이 많습니다. 교통위반 운전자와 언쟁을 벌이고 있는 교통경찰을 볼 때마다 그들의 고충이 생각됩니다.

　그런데 들리는 바로는 교통위반의 범칙금 발부에도 특권층과 서민의 차이가 있다는 것입니다. 소위 한자리 하는 사람은 교통위반을 해도 눈감아준다는 것이지요. 부처님께서는 『무생계경(無生戒經)』에서 "통치자는 국민이 죄를 지었을 때 공평히 판결하여 억울함이 없게 하라."고 말씀하고 계십니다. 교통위반은 단속되어야 하지만, 그 시행에 차별을 두면 단속된 사람은 억울함을 가지게 될 겁니다. 또한 그것은 경찰관이 자기의 책임과 의무를 회피하는 행위임과 동시에 월급만 훔쳤다는 죄목을 면하기 어렵지 않나 여겨집니다.

보복 심리

우리들이 흔히 하는 말에 "시집살이를 심하게 한 시어머니가 며느리에게 더 심하게 한다."는 것이 있습니다. 자신이 며느리 시절에 시어머니에게 고생을 당했다면 그 어려웠던 기억을 귀감 삼아 자기 며느리에게는 정말 좋은 시어머니가 되어야 하는데, 그렇지 않다는 것이지요. 일종의 보복 심리인지는 모르겠지만, 그렇다고 해서 며느리 시절의 고생이 없어지는 것은 아닙니다. 따라서 진정한 지도자란 자신이 어려울 때 겪었던 억울함이나 설움을 다른 사람은 당하지 않게 배려할 줄 아는 사람이라 할 것입니다.

『대무량수경(大無量壽經)』에는 극락정토를 묘사하는 말에 이런 구절이 있습니다. "천하는 화순하고 국토는 풍요로우며, 백성은 편안해서 무기를 사용하지 않는다. 사람은 덕을 숭상하고 정치는 예양을 닦음에 근본을 둔다."라고 말입니다.

이 정토는 우리 모두가 원하는 곳이고, 적어도 우리들에게 정치와 경제가 있는 것도 이 땅을 정토로 만들겠다는 그 염원 때문이겠지요. 그런데도 위정자들은 예양 닦음은 차치하고, 정권이 바뀔 때마다 보복 심리가 만연하여 칼날을 휘두르니 민초들의 삶이 더욱 힘듭니다. 우리들은 언제쯤 대장부다운 지도자를 만날 수 있을까요.

주한미군의 범죄

사람이 은혜를 알고 그것을 잊지 않는다는 것은 인간이 갖추어야 할 기본 덕목이라고 할 수 있습니다. 부처님께서도 많은 경전에서 이 은혜의 갚음에 대하여 설하고 계시지요. 그러나 부처님의 말씀 속에는, 은혜를 베푼 사람으로서는 먼저 겸허한 마음이 있어야 하고, 그것을 입은 사람 역시 너무 비굴해서는 안 된다는 사상이 밑에 깔려 있습니다.

현재 우리 땅에는 주한 미군이 주둔하고 있는데, 한국전쟁 때 우리를 구해 준 고마운 사람들입니다. 그런데 이들이 가끔 범죄를 저지르고는 적반하장으로 큰 소리를 치고, 우리 경찰은 그 범인을 비호하는 듯해서 인간답게 살려는 국민들의 심사를 불편하게 하곤 합니다. 그들의 정신을 이루고 있는 기독교에 만약 무주상보시 정신이 있었다면, 그들에게도 베푼 자의 겸허함이 있었겠지요. 은혜를 베푼 자가 너무 공치사를 하면 오히려 추태가 됩니다.

현충일 유감

　어릴 때의 기억입니다만, 속가 부친의 오른쪽 어깨 밑에 나 있는 시커먼 구멍을 보고 매우 놀란 적이 있었습니다. 나이가 들어서야 그 흉물스러운 구멍이 6.25 전쟁 참전시 총탄이 박힌 상처라는 사실을 알았습니다. 그리고 돌아가시기 전까지 그 상처의 고통이 계속되고 있음을 말씀하곤 하셨습니다. 어찌 이것이 비단 저의 부친만의 일이겠습니까. 보훈병원에서 몇 십 년을 신음하고 있는 전상자 외에도 수많은 사람들이 6.25 전쟁의 상흔에 시달리고 있을 것입니다.

　선열들이 지킨 우리 조국을 전쟁이 없이 평화롭게 가꾸어야 할 책무가 우리들의 두 어깨에 있지요. 그런데도 이 나라의 대다수 위정자들은 자기들만의 파당을 위하여 국민을 아랑곳하지 않습니다. 『장아함 유행경』에는 부처님께서 나라가 쇠망하지 않는 일곱 가지 길을 설하고 있습니다. 그 가운데 첫 번째가 "사람들이 자주 모임을 가지고 바른 일을 서로 의논하여 몸소 지키는 것"입니다. 여기에는 위정자와 일반 백성의 허심탄회한 대화가 전제 조건이 되어 있는 것이지요. 정치란 자기들의 신념을 관철시키는 것이 목적이 아니라, 국민을 위무하는 것입니다. 현충일을 기리는 마음이 정치인에게도 있었으면 합니다.

예측 가능한 사회

오늘이 절기로는 대한입니다. 그러니까 오늘을 고비로 큰 추위는 대강 끝난다는 말입니다. 우리말에도 있지 않습니까. "소한 대한 다 지나면 얼어 죽을 사람이 없다."는 것 말입니다. 정말 금년 겨울은 추위도 대단했지만, 그에 못지않게 정치적으로나 경제적으로 너무나 한파가 심해서 봄이 언제 올 것인지를 종잡을 수 없었습니다. 우리들이 추운 겨울을 묵묵히 견딜 수 있는 것은 대한이 지나면 입춘이 온다는 것을 알고 있기 때문입니다.

사회적인 한파도 마찬가지가 아닐까요. 언제쯤 봄이 온다는 예측이 가능할 때 어려움을 참는데도 재미가 있지 않겠습니까. 이 세상에서 가장 중요한 일은 무어니 무어니 해도 산다는 것이 아닌가 생각됩니다. 그래서 정치도 경제도 그리고 종교도 모두가 살기 위한 수단에 불과한 것이지요. 그런데 우리들의 이 삶에 마치 살얼음 위를 걷는 것 같은 아무도 예측하지 못하는 불안이 그 속에 잉태되어 있는 듯합니다. 언제까지 이런 내일을 예측하지 못하는 갈등의 사회에서 살아야 하는지 회의가 듭니다. 세계화도 좋고 개혁도 좋습니다. 그러나 당장 우리네 평범한 시정인들은 정말이지 예측이 가능한 거리에서 살고 싶습니다.

"평등이라 함이 어찌 산을 깎아서 연못을 채우는 것이며,

학의 다리를 잘라 오리 다리에 이은 연후에라야 그렇게 되는 것인가.

긴 것은 긴 것에 맡기고 짧은 것은 짧은 데 맡기며,

높은 곳은 높은 데 맡기고 낮은 곳은 낮은 데 맡김이 평등이다."

제6장

공의 마음 그 텅빈 충만

출가하는 마음

　음력으로 2월 초 여드레, 부처님께서 출가하신 날입니다. 옛날부터 이날을 출가재일이라 하여 불교의 4대 기념일로 하는 날이지요. 그러나 부처님의 출가는 우리네 범부의 출가와는 달리 중생들을 위한 법문입니다. 중생 모두가 출가하라고 가르치는 출가 법문입니다. 때문에 불교를 믿는 사람들이라면 당연히 모두 출가를 해야 합니다. 왜냐하면 불교에 들어가는 문은 출가에서 시작되기 때문입니다. 그래야 불자라고 할 수 있지요.

　이렇게 말씀드리면 나는 이미 결혼하여 자식까지 있는 몸인데, 어떻게 출가를 하겠냐고 반문할 수도 있겠지요. 그런데 부처님께서 말씀하신 출가 법문은 무조건 머리 깎고 집을 나오라는 말은 결코 아닙니다. 내 마음 속에 도사리고 있는 온갖 탐욕과 성냄, 분노, 질투, 시기심이라는 어두운 마음에서 벗어나라는 것입니다. 여기서 우리들은 출가에는 몸 출가와 마음 출가가 있다는 것을 알게 됩니다. 물론 몸 출가와 마음 출가가 동시에 이루어지면 가장 좋겠지만, 중요한 것은 마음 출가가 아니겠습니까? 우리 모두의 마음의 출가를 다짐해 봅니다.

수행과 수심

　불교에서는 참선을 하고 염불을 하는 등의 행위를 통칭 수행(修行)이라 합니다. 그리고 그렇게 전념하는 사람을 일컬어 수행자라고 부릅니다. 그래서 스님들을 출가 수행자라고 하는 것이지요.

　때문에 스님들은 결코 성직자가 아닙니다. 일부 사람들은 목사나 신부를 성직자라 부르니까, 스님들도 성직자라 여기고 그렇게 칭하기도 합니다. 그러나 승려는 결코 직업인이 아닙니다. 직업인이기를 포기한 수행자일 따름입니다.

　그런데 스님들을 수행자라 했을 때, 우리들은 좀 특이한 점을 발견할 수가 있습니다. 출가하여 정진하는 것은 마음을 닦는 것이고, 따라서 수심(修心)이라고 불러야 좋을 텐데, 왜 행동을 닦는다는 의미인 수행이라 하는가 하는 점입니다. 즉 수행자가 아닌 수심자가 더 적절한 표현이 아닌가 하는 것입니다. 그것은 아마도 마음 닦는 것이 중요하지만, 그 마음이 행동으로 나타나지 않으면 아무런 소용이 없기 때문이 아닌가 여겨집니다. 마음으로 밥을 먹고 배부른 사람은 없지 않습니까.

부서진 수레는 갈 수 없다

인간에 있어 세월이 흘러가는 속도를 흔히 나이의 제곱으로 말하기도 합니다. 가령 20대에 있어서는 시속 40Km로 달리는 것 같고, 50대는 시속 100Km의 속도로 달리는 자동차처럼 시간이 빨리 지나감을 느낀다는 것입니다. 사실 나이가 들면서 한 달 혹은 일 년이 금방 지나감을 느끼는 것은 비단 저만의 감정은 아닐 것입니다. 초하루가 엊그제 같은데 벌써 월말이고, 새해가 며칠 전 같은데 앞산의 나뭇잎은 벌써 단풍으로 갈아입고 있으니 말입니다.

물론 세월이 빨리 간다고 해야 하는지 느리게 간다고 해야 하는지는 객관성이 없기 때문에 일방적으로 말할 수 없겠지요. 그러나 세월이 가고 나이를 먹는 것은 아무도 부인 못할 사실입니다. 무슨 일이든 내일, 내일하고 미루다 보면 결국은 성취할 수 없듯이, 부처님 법 공부도 지금 하지 않으면 기회는 다시 오기 힘든 것입니다. 더구나 나이 들어 수행한다는 것은 더 어렵지요. 그래서 원효 스님은 『발심 수행장』에서 "부서진 수레는 갈 수 없고, 노인은 수행할 수 없다."고 말씀하고 있습니다.

마음 밭 가꾸기

　시골에 살다보면 특히 요즈음 같은 봄날에는 마당에 돋아나는 잡초를 매는 일이 여간 번거롭지 않습니다. 하루하루 미루다 보면 어느새 풀뿌리가 굵어져 김매기가 더욱 어렵게 되곤 하지요. 우리들이 마음 밭을 가꾸는 일도 마찬가지라는 생각이 듭니다. 악의 싹이 처음에는 비록 보잘 것 없이 보일지 모르지만, 그것을 그대로 두면 나중에는 그 뿌리가 마음 밭에 깊이 내려서 뽑아내기 어렵게 되는 것입니다.

　현명한 농부가 밭의 잡초가 무성하기 전에 때를 맞춰 김을 매듯이 우리들도 마음 밭의 손질을 게으름 없이 할 때, 복덕의 열매가 탐스럽게 영글겠지요. 힘들고 어렵다고 해서 잠시라도 자신을 방치해두면 번뇌라는 잡초가 불성(佛性)이 깃들어 있는 우리들의 심신을 파괴해버립니다. 그래서 『법구경』에서는 "밭은 잡초에 의해서 손상되고, 사람은 탐욕에 의해서 손상된다. 탐심 없는 이에게 보시를 하면 거두는 복이 한량이 없다."라고 설하고 있습니다.

대신할 수 없는 수행

오늘은 원래 계환 스님이 진행하는 시간입니다만, 계환 스님이 개인 사정으로 출국했기 때문에 제가 대신 상담을 했습니다. 이처럼 인생살이에는 대신할 수 있는 일도 있지만, 절대로 대신할 수 없는 일도 많습니다. 배가 고픈 사람을 위해서 대신 먹어줄 수도 없고, 사랑하는 자식을 위해서 대신 죽어줄 수는 더욱 없습니다.

수행도 마찬가지입니다. 남편을 대신해서 부인이 수행할 수도 없고, 자식을 대신하여 부모가 수행할 수도 없는 것입니다. 그런데도 우리 주변에는 그것이 가능한 것으로 착각하고 있는 사람들이 많은 것 같습니다. 혹은 금전을 가지고 수행을 대신하려는 불자들도 상당수 보입니다. 그러나 자신의 번뇌는 자기만이 없앨 수 있는 것이지, 다른 사람이 혹은 재물이 자신의 번뇌를 엷게 할 수는 없는 것입니다. 자기의 수행은 오직 자신만이 가능하다는 것을 알고 정진하는 하루하루가 되었으면 합니다.

지혜와 복덕

　삼귀의를 노래로 할 때 첫 구절은 '거룩한 부처님께 귀의합니다.' 이지요. 그리고 한문으로 할 때는 '귀의불 양족존' 입니다. 여기에서 우리들은 이 한글 노래 말이 한문이 담고 있는 깊은 뜻을 잘 표현하고 있지 못함을 알게 됩니다. 사실 부처님이 거룩하신 것은 지혜와 복덕을 완전히 갖춘 유일한 어른이기 때문입니다.

　우리들은 보통 석가모니 부처님과 예수님, 그리고 공자님과 소크라테스를 인류의 4대성인이라고 부릅니다. 따라서 이 네 분의 어른들이 주창하고 선양한 진리의 세계는 객관적으로 우열을 논할 수 없다고 할 수도 있겠지요. 그러나 우리들이 몸으로 직접 체험하는 복과 덕의 문제에 있어서는 평가를 달리해야 하지 않을까요.

　왜냐하면 부처님을 제외한 나머지 세 어른의 삶에는 우리 보통 사람들이 희구하는 복덕이 크지 않아 보이기 때문입니다. 그래서 부처님만이 유일하게 지혜와 복덕을 갖추었다고 하는 것입니다. 이 말은 또한 불자들이 지향해야 할 수행의 목표가 지혜와 복덕을 함께 닦는 것에 있음을 나타내고 있습니다. 지혜를 얻기 위해서 부지런히 정진하고, 그러면서 복덕을 얻기 위해서 보시행에도 노력을 기울여야 할 것입니다.

이웃과 함께하는 수행

　4월 5일, 식목일입니다. 환경오염이 날로 사회문제로 대두되고 있는 현실에서 합심하여 국토에 나무를 심는 것은 곧 우리 자신을 살리는 것이 아닌가 하는 생각이 듭니다. 그러나 우리들이 자신을 살리기 위해서 심어야 할 것은 비단 나무에 국한된 것은 아닐 것입니다. 마음의 양식을 심고 부처님 마음을 자신의 육신에 심어야 하겠지요. 흔히 초발심이라는 말을 많이 합니다만, 처음 마음을 낸다는 것이 바로 자신에게 부처님 마음을 심는 것입니다.

　또한 이것은 함께 나무를 심듯이 이웃과 같이 해야 하는 것입니다. 자기 집을 아무리 깨끗이 청소해도 이웃집에 쓰레기가 쌓여있으면 악취가 찾아옵니다. 우리 집이 아무리 화목해도 이웃집에서 들려오는 부부싸움의 악쓰는 소리는 그날의 기분을 엉망으로 만들고 맙니다. 마찬가지로 나 혼자서만 수행에 힘쓴다고 해서 주변의 부도덕이 그 곳에만 국한되어지는 것은 아닐 겁니다. 함께 부처님 마음을 심을 때, 불국토는 바로 지금 여기에 건립되는 것입니다. 이웃과 함께 수행해야 하는 이유를 아시겠습니까.

창조정신과 시절인연

땅 속의 동물들이 겨울잠을 깨고 나온다는 경칩입니다. 꽁꽁 얼어붙었던 대지에 파란 풀잎이 보이기 시작하는 것을 보면서, 새삼 그 강한 생명력에 경탄을 하지 않을 수 없습니다. 겨우내 추위로 인하여 시달릴 대로 시달리면서 숨어있었지만, 이렇게 봄의 인연을 만나 다시 하늘을 향해 고개를 내밀고 있는 새싹을 보면서 우리들의 본성 자리를 생각해 봅니다. 우리들의 본성인 부처님 성품도 지금은 잘 보이지 않지만, 시절인연을 만나면 나타나겠지요. 그리고 그 시절인연을 만드는 정신이 바로 수행이 아닐까요.

『대지도론』 제 30권에는 정진에 세 가지 모양이 있음을 말하고 있습니다. 첫째는 일을 만들려고 하는 것이고, 둘째는 힘써 나아가면서 짓는 것이며, 셋째는 쉬지 않는 것입니다. 우리들은 흔히 정진이라 하면 힘써 노력하여 쉬지 않는 것만 생각하고, 일을 만들려고 하는 것을 등한시하기가 쉽지요. 그러다 보니 이미 주어진 일에 최선을 다하는 것만 정진이라 여기게 됩니다. 그러나 정진은 시절인연 같은 새로운 일을 만들려는 창조정신이 포함됩니다.

물질에 대한 잘못된 습관

연일 30도를 오르내리는 날씨 속에 지하수가 그렇게 시원하게 느껴질 수 없습니다. 얼마 전까지만 해도 손이 시리던 지하수가 이렇게 시원하게 느껴지는 것은 우리들 감각이 바뀐 탓이겠지요. 우리들은 우물물은 겨울에는 따뜻하고 여름에는 시원하다고 합니다. 그러나 그것은 물 자체는 일 년 중 변함이 거의 없는데, 단지 우리들의 감각이 바뀐 것뿐입니다.

우리들의 물질적 삶도 마찬가지라는 생각이 듭니다. 물질적으로 너무 풍요롭게 사는 데 익숙해진 현대인들은 그것에 대한 고마움을 잊고 있는 것 같습니다. 잘못된 생활감각 때문이 아닌가 여겨집니다. 불과 30년 전 우리들의 경제생활이 어떠했습니까? 저는 당시에 60여 명이 함께 거주하는 대학 기숙사에 살고 있었는데, TV가 없어 중요한 게임이 있는 날이면 단체로 이웃 화계사에 올라가곤 했습니다. 지금 우리들은 옛날과는 비교할 수 없을 정도로 잘 살고 있는데도 불구하고, 더 많은 물질을 요구합니다. 그리고 그것이 충족되지 않을 때는 가난하면 예전보다 더한 불행을 느끼지요. 우리들의 잘못된 생활감각을 고쳐가는 것이 바로 수행이 아닐까요.

부처님의 판결

제가 거처하고 있는 각화사에는 해당화가 몇 그루 있는데, 지금 꽃이 한창입니다. 며칠 전 각화사에 참배하러 온 두 사람이 그 해당화를 보고는 한 사람은 해당화라고 말하고, 다른 한 사람은 장미라고 우기고 있었습니다. 물론 주지인 제가 해당화라고 판정을 내려 그 논란은 끝이 났습니다. 우리가 살아가는 데도 이러한 논란은 많이 생기지요.

같은 사안을 두고, 어느 것이 선(善)인지 어느 것이 악(惡)인지 서로 논란을 벌일 때가 있습니다. 가령 육식이 악인지 선인지는 종교마다 견해를 달리하지요. 불교와는 달리 기독교에서는 육식을 여호와의 축복으로 말하고 있고, 남방불교권에서는 육식을 시주 받기도 합니다. 이렇게 선악의 문제나 진실과 허위로 대립이나 갈등이 생길 때, 심판자가 되어 제대로 판결해 주는 것이 바로 부처님 말씀입니다. 그리고 그 판결에 따라 선을 선으로 알고, 악을 악으로 알아서 생활하는 사람을 부처님은 불자라고 부릅니다. 따라서 불자에게 있어 가장 중요한 것은 부처님께서 말씀하신 것을 의심 없이 진실이라고 믿는 것입니다.

귀의처가 되는 사람

어느 신도가 노스님을 찾아가서, "노스님, 신도는 스님들을 어떻게 대해야 합니까?"라고 여쭈었습니다. 그러자 노스님께서는 "불가근(不可近) 불가원(不可遠)해라."고 대답하셨답니다. 가까이 하지도 말고, 그렇다고 멀리하지도 말라는 뜻입니다. 신도로서는 당연히 스님을 가까이 해야 하는데, 노스님은 왜 이렇게 대답했을까요? 너무 가깝게 지내다 보면 스님의 허물이 보여 존경심이 없어지고, 너무 멀리하면 불교를 등한시할 우려가 있기 때문입니다. 이러한 일은 스님과 신도 사이에서만 해당되는 것은 아니겠지요.

우리들은 종종 언론에 오르내리는 유명인을 찾아갔다가 실망하는 수가 있습니다. 별 볼일 없는 사람이 과대포장 되었구나 하고 말입니다. 부처님께서는 『대품반야경』에서 "보살은 귀의처가 없는 중생을 위해서 귀의처가 되겠다."는 서원을 세워야 한다고 말씀하시고 계십니다. 부모가 자식의 의지할 곳이 되듯이 정치인이 우리네 민초들의 의지할 곳이 되고, 종교인이 신도들의 귀의처가 되어야 한다는 말입니다. 그런데 우리 사회는 정치인은 민초보다 이권이 우선이고, 종교인이 신도들의 귀의처가 되기에 앞서 유명해지기를 바랍니다.

참회하는 용기

불교에는 자자(自恣)라는 것이 있습니다. 3개월에 걸친 여름안거가 끝나는 날인 7월 15일에 안거를 함께 한 스님들이 모여서, 각자가 지난 안거 기간 중에 자신에게 범계(犯戒) 등의 허물이 있었다면 지적해 달라고 동료 스님들에게 청하는 의식입니다. 이때 만약 지적할 것이 있으면 지적해 주고, 지적할 것이 없으면 대중은 가만히 있으면 됩니다.

사람이 살아가면서 허물을 전혀 짓지 않고 살기란 어렵겠지요. 그래서 부처님께서는 참회를 통하여 그 허물을 없애고, 청정을 회복하는 수행법을 말씀하고 계십니다. 그러나 참회하기 위해서는 자신의 허물을 솔직히 인정하는 용기가 있어야 합니다. 그리고 이 허물을 솔직히 인정하는 용기야말로 진정한 용기가 아닐까 생각됩니다. 경전의 도처에는 아상(我相)을 버리라는 말이 수없이 있습니다만, 이러한 부처님 말씀 역시 진정 용기 있는 사람으로 살라는 것으로 이해해도 될 것 같습니다.

뿌리 깊은 나무

　본격적인 장마가 시작되었습니다. 머지 않아 큰비도 내리겠지요. 큰비가 내린 뒤 산길을 오를라치면, 뿌리가 약한 나무가 송두리 채 뽑혀져 있는 것을 보게 됩니다. 그러나 뿌리가 튼튼한 나무는 더욱 싱싱하게 자랍니다. 이와는 반대의 현상도 있지요. 심한 가뭄에 전답에는 곡식이 타들어가고 길가의 잡초마저 생기를 잃을 때 말입니다. 그 때도 산 속에 서있는 수목들은 그다지 가뭄을 타지 않는 듯이 보입니다. 뿌리가 깊기 때문에 심한 한발에도 끄떡하지 않는 것이지요.

　새삼 저 뿌리 깊은 나무에서 삶의 지혜를 터득할 수 있다는 생각이 듭니다. 뿌리 깊은 나무가 한발과 폭우를 이겨내듯이, 심지가 굳은 사람은 인생살이에 언제나 따라다니는 갖가지 역경과 시련을 능히 이겨낼 수 있다는 것이지요. 부처님 말씀은 바로 우리들 삶의 여정에 뿌리를 튼튼하게 하는 지혜를 줍니다. 우리들로 하여금 생명의 실상을 바로 보게 하여 갑자기 다가오는 역경이라는 한파와 시련이라는 소나기를 이겨내는 지혜 말입니다.

자신 속의 삼독심

추석을 앞두고 토굴 앞집의 할아버지가 철 대문에 페인트를 칠하고 있었습니다. 그리고 보니 여름의 장마로 녹슬고 더럽혀진 대문이나 창틀에 새 페인트를 칠하는 계절이 된 것 같습니다. 왜 철 대문에 녹이 슬까요? 철 대문을 녹슬게 한 그 녹은 철 대문 그 자체에서 생겨 철 대문을 부식시키고 있습니다. 인간의 삶도 마찬가지라 여겨집니다.

우리들 자신 속에 있는 탐냄과 성냄과 어리석음의 세 가지 독소가 우리 자신을 파멸시키는 것이지, 결코 외부의 힘이 자신을 그르치는 것이 아닙니다. 그런데도 우리늘은 자기에게 찾아오는 모든 불행의 그림자가 닥칠 때마다 남탓을 합니다. 『화엄경』에는 "마음은 화가와 같아서 모든 것을 만들어낸다."고 설하고 있습니다. 행복을 가꾸는 것도 나의 마음이고 불행을 잉태시키는 것도 나의 마음입니다. 자신의 탐욕심은 숨겨둔 채 자연을 탓하고 법을 탓하고 다른 사람을 탓하는 것은 스스로 어리석음을 증명하는 것밖에 안 됩니다. 늘 스스로의 생활에 녹이 슬지 않도록 점검하는 자세로 살아가는 것이야말로 진정 불자다운 삶의 태도일 것입니다.

법의 상속자

　기도도 열심히 하고 법회도 빠지지 않으며, 사찰에서 행하는 봉사활동도 열성적이어서 겉으로 보기엔 신심(信心)이 장한 것 같은 재가불자 가운데, 유난히 재물에 인색한 사람이 간혹 있습니다. 자세히 살펴보면 기도는 현세이익을 위해서만 하고, 육체적인 봉사활동은 적극적이지만 돈이 들어가는 활동은 결코 하지 않는 그런 사람 말입니다. 물론 출가한 스님들이라고 예외는 아니지요. 조석예불에 빠지는 일은 결코 없지만, 지나치게 재물이나 명예에 천착하는 그런 스님 말입니다.

　"그대들은 여래의 법의 상속자가 되어야 한다. 재물의 상속자가 되어서는 안 된다. 그대들이 법의 상속자가 되지 않으면 사람들에게 지탄받을 것이며, 나도 또한 그로 인하여 사람들에게 비난받을 것이다. 그대들은 명심하여 나의 법의 상속자가 되어야 한다."

　『중아함경』에 있는 부처님 말씀입니다. 불법은 결코 재물이나 명예를 얻기 위한 도구가 아닙니다. 불법은 진리를 얻도록 가르치는 것입니다. 나는 법의 상속자가 아닌 재물의 상속자가 되고자 하지 않는지 살펴볼 일입니다.

용맹정진

　부처님 오신날 봉축행사가 끝나면, 불교의 다음 큰 불사는 7월 백중으로 석 달 가량의 시간이 있습니다. 절에서 소임을 맡고 있는 스님들은 말할 것도 없고, 재가불자들에게도 조금은 신행생활에 여유를 가질 수 있는 기간이지요. 마치 큰 일이 끝나고 난 후의 텅 빈 마음 같은 상태가 될 수도 있습니다. 그러나 출가·재가를 막론하고 불자의 정진은 바로 이 기간 동안에 더욱 힘을 얻습니다. 그래서 음력 4월 보름부터 시작되는 여름 안거는 더욱 의미가 깊은 것입니다.

　시골에서 들판에 말뚝을 박을 때 큰 메를 사용하는 것을 본 적이 있습니까? 무턱대고 메질을 한다고 말뚝이 잘 박히는 것이 아니지요. 처음 몇 번은 가볍게 치다가 '꽝' 하고 힘세게 내리쳤을 때, 말뚝이 쑥 들어갑니다. 기계라면 계속해서 메질을 할 수 있겠지만, 사람의 힘으로는 감당이 되지 않기 때문에 계발한 지혜가 아닐까요. 기도정진도 마찬가집니다. 기간을 정하여 용맹정진할 때, 한 번의 큰 메질에 말뚝이 쑥 들어가듯이 진리에 깊이 다가설 수 있습니다. 일이 끝났다고, 덥다고 핑계대지 않고 여름 안거 동안 정진을 하는 불자가 참된 불자가 아닐까 여겨집니다.

전법불사

  어느 추운 겨울날, 마을 입구에 있는 웅덩이에 어린아이가 빠져 허우적대고 있었습니다. 지나가던 아저씨가 그 모습을 보고는 바쁘다는 이유로 구해주지 않았습니다. 조금 후에 정장을 한 아주머니가 그 어린이를 목격하고는 옷이 더럽혀질 것을 염려하여 그냥 지나쳤습니다. 그 후에도 많은 사람들이 웅덩이 속의 어린이를 보았지만 모두가 어떤 핑계를 대면서 구해주지 않았고, 마침내 그 어린아이는 죽고 말았습니다.

  그 아이를 구해주지 않았던 사람들은 무슨 죄를 지었을까요? 물론 그들은 법적으로는 지은 죄가 없겠지요. 그러나 윤리적으로 과연 죄가 되지 않겠습니까? 우리들이 불법을 다른 사람에게 전하는 것도 마찬가집니다. 전법을 하지 않는다고 죄를 짓는 것은 아닙니다. 그러나 부처님께서는 이 세상을 고해(苦海)라고 하셨습니다. 고해에 빠져있는 중생을 구해주지 않으면 그것은 일종의 죄를 짓고 있는 것이 됩니다. 때문에 불사 중에서 가장 큰 불사가 법을 전하는 불사라고 하는 것입니다. 그것이 바로 이웃과 더불어 부처님 법 속에서 함께 행복을 찾는 길이기 때문입니다.

불교의 출판문화

제가 불교방송국까지 가는 길목에 옥수 전철역이 있습니다. 이곳은 병목현상으로 차가 막힐 때가 많고 그 때마다 저는 전철을 기다리고 있는 여러 사람을 눈여겨보게 됩니다. 어떤 사람은 친구와 이야기를 나누는가 하면 어떤 사람은 멍청히 서 있기도 합니다. 그런데 그 중에서 제일 아름답게 보이는 사람은 역시 책을 읽고 있는 사람이었습니다. 출근시간의 그 바쁜 와중에서도 결코 책에서 눈을 떼지 않는 그런 사람이 짧은 시간이나마 한 번 더 보고 싶었습니다.

우리 국민들이 책을 적게 읽는다는 것은 세계적으로 알려져 있지요. 그 중에서도 우리 불자들이 책을 가까이 하지 않는 경향은 불교출판사를 경영하고 있는 사람들이라면 누구나 지적하는 사항입니다. 한국불교, 특히 조계종은 전통적으로 사교입선(捨敎入禪)이라고 하여 책을 멀리한 것은 사실입니다. 그러나 이것은 어디까지나 책을 읽고 난 후에 멀리하는 것이지, 처음부터 읽지 않는 것은 아닙니다. 그리고 참선하여 견성하는 것과 불교문화를 계승 발전시키는 것은 차원이 다릅니다. 즉 불교문화의 계승과 발전을 위해서는 불교출판문화에 의지할 수밖에 없는 것입니다. 책장에 꽂혀있는 불교서적 한 권이 자녀의 인생을 바꿀 수도 있습니다.

응병여약

사찰에서 주지소임을 살다보면 특이한 두 부류의 신도를 접하게 됩니다. 어떤 신도는 자원봉사 등 노력봉사는 적극적으로 잘하는데, 금전적인 보시에는 인색합니다. 반대로 또 어떤 신도는 모든 것을 돈으로 해결하려 하고, 자신이 육체적 노력으로 힘을 합치는 일에는 등한히 합니다. 물론 노력봉사도 하지 않고, 금전적인 보시도 하지 않는 사람에 비하면 하나라도 잘 하는 것이 백 번 낫지요. 그러나 역시 두 가지가 조화를 이룰 때 불자다운 삶이 되지 않겠습니까.

부처님의 말씀을 흔히 팔만사천법문이라고 하지요. 왜 이렇게 법문의 수가 많은가 하면, 우리들에게 개인마다 진리로 통하는 문이 꽉 막혀 있는 부분이 그만큼 많기 때문입니다. 이것을 응병여약(應病與藥)이라고 부릅니다. 병을 따라서 약을 준다는 말입니다. 의사가 눈병이 있는 사람에게는 안약을 주고 간이 나쁜 사람에게는 간장약을 주듯이, 부처님은 개인마다 다르게 나타나는 번뇌의 심천(深淺)을 알아서 그것을 제거할 수 있는 약을 주는 것이지요. 욕심이 많은 사람에게는 보시행이라는 약을 주고, 너무 어리석은 사람에게는 지혜행이라는 처방을 내리지요. 그렇다면 우리 각자는 지금 어디가 막혀 있을까요?

관음사

　스님들이 사찰을 창건할 때, 처음으로 맞닿는 난제가 절 이름을 무엇으로 할까 하는 것입니다. 왜냐하면 모든 좋은 이름의 절은 이미 건립되어 있고, 그렇다고 같은 이름의 사찰을 짓고 싶지 않기 때문입니다. 저도 각화사(覺華寺)를 지을 때, 많은 고심을 했습니다. 왜냐하면 고려시대에 창건된 각화사가 태백산에 있기 때문이었습니다. 그러나 '우리 모두가 깨달음이 나타난 꽃'이라는 평소의 생각에 따라 이렇게 명명했습니다.

　불교진흥원에서 발간한 『한국불교총람』에 의하면 우리 나라에서 가장 많은 사찰의 이름은 관음사(觀音寺)로 무려 351개로 되어 있습니다. 우리 나라 불교에서 관음신앙이 그만큼 큰 영향을 미치고 있다는 단적인 증명이지요. 그러나 관세음보살님의 가피력을 염원하는 관음사인지 아니면 관세음보살의 행을 하겠다는 관음사인지가 궁금해집니다. 지금까지의 한국불교사에는 다분히 가피력을 입는 관음사였지요. 이제부터라도 우리들 스스로 관세음보살이 되겠다는 서원을 세우는 것을 우선으로 하는 관음사가 많이 창건되기를 바라는 마음 간절합니다.

뇌사문제와 내보시

　대승불교에서 가장 중요한 수행덕목으로 설정하고 있는 육바라밀 가운데 보시바라밀이 있습니다. 남에게 무엇인가를 주고, 주었다는 생각조차 내지 않는 수행입니다. 이 보시에 내보시(內布施)와 외보시(外布施)가 있습니다. 외보시란 법문이나 재물 등을 주는 것이고, 내보시란 자신의 육신이나 심지어 생명까지도 주는 것을 말합니다. 물론 외보시에 비하여 내보시를 행한다는 것은 보통 사람으로서는 행하기 힘든 것이지요.

　그 동안 논란이 되어왔던 뇌사문제가 해결을 보았다고 합니다. 일부 종교의 반발은 예견됩니다만, 뇌사를 죽음으로 인정한다는 것이지요. 생명은 호흡과 호흡 사이에 있다는 것이 부처님의 말씀입니다. 그러나 현대의학에서 보면 호흡은 하고 있지만, 뇌가 작용을 못하는 경우가 있다는 것입니다. 소위 식물인간 같은 상태지요. 이 경우에 살아있는 것인지 죽은 것인지를 명확하게 구분한다는 것은 어려운 문제임에 틀림이 없어 보입니다.

　그렇다면 불교의 입장에서는 이 뇌사를 어떻게 보아야 할까요? 방향은 조금 다릅니다만, 뇌사를 죽음으로 인정하는 것이 내보시의 어려운 수행을 실천하는 계기가 될 수 있다는 것으로 불교의 입장을 정리해보면 어떨까 생각됩니다.

자연에 대한 외경심

　무궁화 2호 위성이 우주 허공을 향하여 힘차게 솟아오른 것을 보았습니다. 그 감동은 지난번의 실패를 딛고 일어선 것이기에 더욱 값진 것이었습니다. 그런데 이번 발사에 앞서 우리들은 묘한 사건을 접했습니다. 다름 아닌 발사현장에서 우리 기술자들이 돼지머리를 놓고 성공기원고사를 지낸 일입니다. 큰일을 앞두고 살생을 했다는 허물은 면할 수 없지만, 한편으로 생각하면 최첨단 기술 앞에서도 자연에 대한 인간의 겸허한 자세를 보인 것이 돋보입니다.

　서구의 과학문명과 함께 들어온 유일신 사상은 그 동안 우리들에게 적잖은 혼란을 야기했습니다. 유일신 사상에 저촉되는 행위라면 무조건 미신이라고 터부시했지요. 그러다 보니 우리 민족이 오천년 동안 간직해 왔던 자연에 대한 외경심마저도 미신으로 매도되었습니다. 과학문명은 곧 유일신 사상이라는 잘못된 사고방식이 국민정신을 좀먹었기 때문이었습니다. 그런데 이번의 성공기원고사는 한국인의 자연에 대한 그 순수한 정서를 과학자들이 잊지 않고 간직하고 있다는 사실을 보는 것 같아서 마음이 한결 가벼워졌습니다.

포교와 말재주

포교라는 말이 우리 불교계의 화두가 된 지 벌써 50년이 지났습니다. 포교를 위해서 스님들을 종비생으로 대학에도 보내고, 각종 복지시설을 맡아 운영도 합니다. 그러한 결과로 불교는 양적으로나 질적으로 괄목할 만한 성과를 거둔 것이 사실입니다. 그런데 여기서 하나의 문제가 발생하게 되었습니다. 말재주로만 포교를 하다 보니 가끔씩 부작용이 나타나는 것입니다. 수행승이 아닌 직업승이 탄생한 것이지요.

오대산에서 입적하신 한암 스님께서는 "차라리 천고에 자취를 감춘 학이 될지언정 삼춘(三春)에 말 잘하는 앵무새의 재주는 배우지 않겠노라."는 말씀을 남기고 상원사를 나오신 적이 없었습니다. 성철 전 종정스님께서 입적하고 보니, 큰스님은 해인사 퇴설당을 나오지 않고 만 중생을 제도하신 것이 분명해졌습니다. 두 어른은 불법이라는 것이 그리고 포교라는 것이 말재주에 있지 않다는 것을 여실히 보여준 것입니다.

포교를 한다고 노래를 부르는 스님도 있고, 포교를 위해서라고 침도 놓고, 시도 쓰는 스님도 있지요. 그러나 불자 한 사람 한 사람이 부처님의 가르침대로 수행을 실천할 때, 전법은 자연스레 이루어진다는 평범한 이치를 우리 모두가 깨달아야 할 것 같습니다.

회향하는 자세

　우주의 운행은 시작도 없고 끝도 없지만, 그 속에 살고 있는 인간에게는 시작이 있으면 반드시 끝맺음이 있기 마련이지요. 때문에 불교에서 행하는 기도에서도 시작이 있고 마침이 있는데, 이 끝맺음을 보통 회향이라고 부릅니다. 그러나 회향이라는 말은 결코 기도의 마침이라는 의미는 아닙니다. 글자 그대로 기도 중에 지은 공덕을 내용적으로나 방향적으로 바꾼다는 뜻입니다.

　『보현행원품』「회향품」에는 "지은 바 모든 공덕을 회향하니, 그것으로 일체 중생이 항상 안락하고 일체 병고는 영영 없어지며, 악한 일을 하고자 하면 하나도 됨이 없고 착힌 일을 하고자 하면 속히 성취되어, 일체 중생이 마침내 무상도를 이루어지이다."라는 회향문이 있습니다. 회향하는 마음 자세가 어뗘해야 하는지를 잘 말해주고 있지요. 자신이 지은 염불의 공덕, 자신이 부처님 전에 올린 보시의 공덕을 가족은 물론 조상님께도 보내는 것입니다. 이 지은 바 공덕의 회향심이 모든 사람이 악한 일을 하고자 하면 하나도 성취됨이 없고, 착한 일을 하고자 하면 다 성취하게 하는 것입니다. 그러나 자기가 행한 나쁜 행은 결코 회향이 되지 않는다는 사실은 알아야 하겠습니다.

성도일과 샛별

새벽 예불을 마치고 법당을 나서면, 가장 먼저 눈에 들어오는 것이 동쪽 하늘에 유난히 빛나고 있는 샛별입니다. 제 느낌인지 모르겠지만, 성도재일이 가까워 오면 샛별이 더 크고 선명해 보이기 시작합니다. 그러다가 납월 8일, 성도광명일 새벽의 샛별은 작은 달처럼 그림자를 만드는 것 같습니다. 아마 그날 새벽에 보살은 샛별이 빛나는 것을 보고 정각(正覺)을 이루어 부처님이 되셨기 때문이겠지요.

불전(佛傳)에서 밝히고 있는 '샛별을 보고 깨달음을 성취했다.'는 것은 무엇을 의미하며, 깨달음의 내용은 과연 무엇일까요? 부처님의 깨달은 후의 최초 일성을 『열반경』에서는 "희유하도다, 일체 중생이 전부 불성을 가지고 있구나!"라고 설하고 있습니다.

그러나 저는 이 말에 앞서 하신 말씀이 있다고 확신하고 있습니다. 샛별을 보시고 부처님께서는 "아! 저기에 내가 빛나고 있구나."라고 탄성을 발한 것을. 그날 새벽 보살은 자신이 샛별이 되어 빛나고 있음을 확연히 보고 부처님이 되셨다는 말입니다. 지금까지는 샛별과 자신이 둘이었는데, 그 순간 샛별과 자신, 아니 온 우주와 자신 그리고 모든 중생이 한 몸임을 깨달은 것입니다. 아! 저기 내가 빛나고 있다는 부처님의 탄성이 우리들의 탄성이 될 날을 위하여 정진을 해야겠습니다.

열반재일

보살님이 다니는 절에서는 음력 2월 보름, 부처님 열반재일에 무슨 경을 독송하십니까? 저는 선사(先師) 광덕 스님의 가르침에 의거하여 『법화경』「여래수량품」 중송분을 신도들과 합송합니다.

"여래가 성불한 후 지내온 겁은 그 수효 한량없는 억조아승지. 그 때 이래 설법하여 교화한 중생 수효를 알 수 없는 무수억인데, 저들을 불도에 들게 한 지도 그 세월 알 수 없는 무량겁이라. 저들을 제도하기 위하는 고로 방편으로 열반을 나타내지만, 실로는 열반에 듦이 아니고 영원토록 여기 있어 설법하노라."

이 「여래수량품」 중송분을 독송할 때마다 부처님의 가르침과 자비가 가슴을 뭉클하게 합니다. 부처님께서는 우리 중생들의 교만심과 게으름을 없애기 위하여 이 사바세계에 오셨고 열반을 보였지만, 사실은 부처님은 언제나 우리와 함께하고 계시다는 말씀이 그렇게 고마울 수 없습니다. 만약 부처님이 우리들을 남겨두고 영원히 가셨다면, 우리들의 삶은 어찌 되었겠습니까. 이 점을 바로 보는 것이 불자들이 부처님의 열반을 제대로 보는 요체가 아닌가 여겨집니다.

보시공덕의 크기

　어느 날 사리불이 한 발우의 밥을 부처님께 올렸습니다. 그러자 부처님께서는 그 밥을 개한테 주면서 사리불에게 물었습니다. "너는 나에게 밥을 보시하고, 나는 그 밥을 개한테 보시했는데, 누가 더 많은 복을 얻었겠는가?" 이 때 사리불은 "부처님께서 개한테 보시한 복이 더 많다."고 대답했습니다.

　참으로 묘한 대답이지요. 『사십이장경』에는 "악한 사람 백 명에게 밥을 주는 것이 착한 사람 한 명에게 밥을 주는 것만 못하다."는 말씀이 있습니다. 『사십이장경』에 의거하여 말하자면 짐승한테 밥을 주는 것보다는 부처님께 보시한 복이 당연히 더 많아야 하지요. 그런데도 사리불은 짐승한테 밥을 준 복이 더 크다고 답하고 있으니 말입니다. 이 부처님과 사리불의 대화는 누구에게 보시하느냐가 중요한 것이 아니라, 보시하는 사람의 복덕 즉 마음의 우열에 의해서 공덕이 많아지기도 하고 적어지기도 한다는 사실을 밝혀주고 있습니다. 한 끼니의 식사를 남에게 대접할 때, 자신이 어떤 마음을 가지느냐가 공덕의 크기를 좌우한다는 것입니다.

원효 대사

일본에 유학하고 있을 때입니다. '일본문학개설'이라는 강좌를 수강하였는데, 일본의 고대 설화집에는 원효 스님의 말씀이 많이 인용되어 있음을 발견하고 깜짝 놀란 적이 있습니다. 그 뒤에 교토에 있는 고산사를 참배할 기회가 있었는데, 현재 남아있는 원효 스님의 영정 중에 가장 오래된 것이 그 곳에 봉안되어 있음을 보고는 재차 놀랐습니다. 원효라는 인물이 과거 일본에서 어떠한 대접을 받았는지 새삼 깨달았기 때문이었습니다.

사실 우리 민족사에는 수많은 스승들이 계십니다만, 원효 스님만큼 위대한 스승은 드뭅집니다. 그런데도 지금까지 우리 후손들은 스님의 높은 뜻을 너무 홀대하지 않았는가 하는 자괴심(自愧心)을 떨쳐버릴 수가 없습니다. 아니 비단 원효 스님뿐만 아닙니다. 우리들은 플라톤이나 아리스토텔레스는 잘 알고 있으면서도 신라의 무상 스님이나 의상 스님의 사상에 대해서는 거의 모르고 있지요. 철학개론이라고 하면 서양철학을 말하는 것이고, 불교를 위시한 동양철학은 특별히 동양철학이라고 해야 알아듣지요. 우리 민족이 낳은 위대한 큰스님들의 참된 면목을 이제부터라도 바르게 알아야 하지 않을까요.

조계종의 재산공개

　조계종단의 재산공개 결의와 관련하여 국민들이 비상한 관심을 보이고 있는 가운데, 전국 유명사찰의 관광료 징수현황이 보도되어 세인들의 화제를 낳고 있습니다. 가령 해인사의 관람료는 년 7억 4천만 원인데, 그 많은 돈을 어디다 사용하는가 하는 의구심이 있는 것 같습니다. 뿐만 아닙니다. 사찰에는 많은 수입이 있을 텐데, 그 돈을 다 어디에 쓸까 하는 의문이 들기도 하지요.

　그러나 우리들이 먼저 생각해야 할 것은 해인사에는 300명이 넘는 스님들이 수행하고 있고, 기타 대중을 합하면 그 숫자는 훨씬 늘어난다는 사실입니다. 그 300~400명이 넘는 상주대중들이 1년 동안 살아가는 데 소용되는 최소한의 경비가 얼마나 될까요?

　해인사에서 수행하고 있는 스님들은 한 달에 두 번 목욕을 하고, 한 끼의 반찬은 네 가지를 넘지 않습니다. 물질적으로 풍족하게 생활할 수 있는 여유가 없기 때문이지요. 물론 그것이 수행자의 본분이기는 하지만 말입니다. 우리 주변에는 세속인보다 호사스럽게 사는 스님들이 없지는 않습니다. 그러나 대부분의 스님들은 최소한의 물질로 사는 것을 긍지로 삼고 수행하고 있습니다.

공업중생

　목성과 혜성의 충돌을 두고 과학자들은 금세기 최고의 우주 쇼라고 표현하고 있습니다. 지구가 아닌 다른 별에서 벌어지는 현상이기 때문에, 이렇게 아름답게 부르는 것 같습니다. 그러나 앞으로 130년 후에는 이 지구가 그러한 직면에 놓일 확률이 높다는 과학자들의 예견은 우리들을 오싹하게 합니다. 불교에서는 공업중생(共業衆生)이라는 말을 곧잘 합니다. 서로 같은 업을 지은 사람들이 같은 환경, 같은 여건에서 태어나 같이 살아가는 것을 일컫는 말입니다. 가령 서울에 사는 사람은 지위가 높든 낮든 똑같이 탁한 서울공기를 마셔야 하고, 출퇴근 때의 교통체증은 우리 모두가 똑같이 겪어야 하는 것을 말하지요.

　그러나 부처님께서는 또한 "복력이 악업을 이긴다."고 설하고 계십니다. 공업중생이기 때문에 목성과 혜성의 충돌로 인한 피해를 지구인 전체가 받게 되겠지요. 그렇지만 이 지구촌의 한 사람 한 사람이 선업공덕(善業功德)을 증대시켜 나간다면, 지구와 혜성이 충돌하는 파멸의 상황을 없앨 수 있다는 말입니다. 공업중생인 까닭에 우리 모두의 겸허한 자세와 자비로운 행동이 우리 나라에 닥칠 수도 있는 난관을 극복할 수 있는 바탕이 되겠지요.

지혜의 눈과 실행의 발

마당에 떨어진 낙엽을 청소하기가 번거롭게 여겨집니까? 산사의 아침은 보통 도량의 청소부터 시작됩니다. 요즈음처럼 낙엽이 쌓이는 때는 말할 것도 없고, 마당에 낙엽이 없어도 스님들은 아침마다 비질을 합니다. 시정인이 보기엔 조금 기이한 느낌을 주지요. 그러나 스님들이 마당을 쓰는 것은 기실은 자신의 마음속에 끼어있는 번뇌를 쓸어내는 것입니다. 그 번뇌라는 낙엽을 쓸어 모아 태울 때, 자신 속에 도사리고 있는 탐욕심을 불태웁니다. 『대지도론』에는 "무더운 날에 지혜의 눈과 실행의 발로써 청량지(淸凉池)에 이른다."는 말이 있습니다. 청량지란 맑고 시원한 못이라는 말인데, 미혹을 여읜 열반의 세계를 비유한 것입니다. 이 열반의 깨달음에 도달하기 위해서는 아무래도 지혜의 눈과 그 눈을 따라 나아가는 발이 필요하게 된다는 데서 유래하는 말입니다. 우리가 세상을 살아가는 것도 마찬가지겠지요. 지혜의 눈이 있다고 해서 모든 것이 끝난 것은 아닙니다. 안목을 따라서 목적지를 향해 직접 걸음을 옮기는 발, 즉 실행이 요구되는 것입니다. 마치 마당의 티끌이 비질에서 깨끗해지듯이.

부처님을 뽑는 과거장

해마다 11월이면 전국에서 대입 수학능력 시험이 치러집니다. 언제부턴가 우리 사회에서는 시험을 앞두고 100일 기도를 하는 것이 유행이 되었습니다. 사찰에서뿐만 아니라 전국의 교회나 성당에서도 기도 소리가 100일 동안 계속됩니다. 물론 우리 나라에만 있는 특이한 현상이지요. 저 역시 주지를 하다 보니, 시류에 편승하여 21일 동안 수험생들에게 "이들이 부처님의 위신력 속에서 저마다의 실력을 능력껏 발휘하기를!" 하면서 기도하고 축원합니다.

그러나 시험이 입시생에게만 있는 것은 아닙니다. 중국의 유명한 방거사는 그 깨달음의 경지를, "시방의 모든 불자가 함께 모여서 모두가 함이 없는 도를 배우니, 이곳은 부처님을 뽑는 과거장이라. 마음이 공한 이가 급제하더라."라고 노래하고 있습니다.

우리 모두는 부처님을 뽑는 시험장의 수험생이고, 이 시험에 합격하기 위해서는 분별과 번뇌의 모든 집착에서 벗어나야 한다는 말입니다. 그렇다면 우리들은 부처되는 시험에 합격하기 위해서 어떻게 해야 할까요. 수능 수험생들처럼 열심히 책을 보면 될까요? 방거사는 마음이 공(空)한 사람이 급제한다고 읊고 있습니다.

제7장

완성을 향해가는 완성의 세계

잘못된 신행

　한라산에도 단풍이 들기 시작했다는 소식을 접했습니다. 지금쯤 그곳의 중턱에는 하얀 억새풀이 절정을 이루고 있겠지요. 그러나 경험이 없는 사람이 무턱대고 억새풀을 잡아당기면 손을 베이게 됩니다. 억새풀잎에는 톱니바퀴의 칼날이 있기 때문입니다. 우리네 인생살이도 마찬가지겠지요. 모든 일은 순리대로 해야지 탐욕심으로 순리를 거역하면 인생 그 자체를 다치게 됩니다. 그뿐만이 아닙니다. 신행생활도 마찬가지지요.

　부처님께서는 『법구경』에서 "억새풀을 잘못 쥐면 그 손을 다치듯, 그릇된 구도는 사람을 파멸로 인도한다."는 말씀을 하고 계십니다. 우리 주변에는 많은 종교가 있지만, 종교란 문자 그대로 인간 삶의 근본을 가르치는 것이어야 합니다. 일시적인 위안이나 이익을 얻는 것이 결코 종교는 아니라는 말입니다. 불교도 예외는 아닙니다. 잘못된 신행은 억새풀을 잘못 쥐어 손을 다치듯 자신을 파멸로 이끌지도 모릅니다. 가을의 야산을 꾸미고 있는 억새풀에서 삶의 지혜를 터득하고, 우리들의 신행자세를 돌이켜보았으면 합니다.

사이비 종교

　우리들이 살고 있는 이 지구상에는 많은 종교가 있습니다. 종교의 의미를 과거의 서양학자들은 '신과 인간과의 관계'라고 했지만, 요즈음에는 이것을 '인생의 궁극적인 의미의 모색과 해결'이라 정의하고 있습니다. 왜냐하면 어떤 종교가 정상적인 것이라면 부처님께서 말씀하신 것처럼, 많은 사람들의 이익과 행복을 위해서 존재해야 할 것이기 때문입니다. 문제는 많은 종교 가운데 정상적인 것과 그렇지 않은 것을 구별하기가 어렵다는 데 있습니다.

　그렇다면 어떤 종교가 정상적인 것이고, 무엇이 시이비종교일까요? 우리 주변에는 아직도 종말론을 가지고 종교를 빙자하여 사람들을 현혹하는 사람들이 있습니다. 만약 종말론을 앞세우며 신자들을 협박한다면 그 종교는 십중팔구 사이비라고 할 수 있지 않을까요. 또한 우리 사회에는 교주 자신의 이익만을 위해서 종교를 만들어 사람들을 현혹하는 일이 종종 일어나곤 합니다. 이러한 종교는 신자들에게 끊임없이 재물을 요구하지요. 이러한 것이 사이비 종교의 특성이 아닐까요? 만약 우리 주변에 사이비 종교에 빠져있는 사람이 있다면, 그 이웃을 불법으로 인도하여 참된 삶을 살도록 도와주는 것이 불자들의 의무라는 생각이 듭니다.

인간 생명과 종교

　사람이 살아가는데 종교를 가진다는 것은 매우 중요한 일이지요. 때문에 종교와 인류 역사는 뗄래야 뗄 수 없는 연관성을 갖는 것이고, 지금도 세계 도처에서 종교가 없는 종족은 찾아보기가 어려운 것이 아닐까요. 그러나 보다 더 중요한 것은 어떤 종교를 가지는가 하는 점이 아닐까 생각됩니다. 만약 인간의 생명을 천시하는 종교가 있다면 이것이야말로 큰일이라는 생각이 들기 때문입니다.

　어떻습니까? 인간이 종교를 위해서 살아야 합니까, 종교가 인간의 삶을 위해서 있어야 합니까? 저는 수행자이면서 한편으로 신도들과 비교하면 전문 종교인입니다. 이런 제 입장에서 보아도 역시 종교보다는 인간이 우선이라는 생각을 지울 수가 없습니다.

　가끔 우리 주변에서는 자기 종교에 불성실하다는 이유로 가족을 죽이는가 하면, 자신들의 종교를 믿지 않는다고 다른 종교인을 죽이는 일들을 접하게 됩니다. 국민 전체의 생명의 안위보다 자기 종교의 신념이 우선이라며 군 입대를 거부하는 사람들도 보게 됩니다. 그러나 종교라고 하는 것이 제각기 그 교의는 다를지 모르지만, 인간의 생존을 위해서 인간에 의해 탄생되었다는 사실을 알아야 할 것 같습니다.

올바른 말과 올바른 견해

백문불어일견(百聞不於一見)이라는 말이 있지요. 백번 듣는 것이 한번 보는 것만 못하다는 말입니다. 직접 눈으로 보는 것의 중요성을 나타냄과 동시에 소문의 허구성을 경계하라는 뜻도 담겨있습니다. 불교에서도 아는 것(知)보다 보는 것(見)을 더 중요하게 생각합니다. 가령 견성(見性)이라는 말을 쓰지 지성(知性)이라는 말은 사용하지 않습니다. 자기의 성품을 실답게 보아야지 이해하여 알아서는 안 된다는 것입니다.

소승불교의 대표적인 수행덕목으로 여덟 가지 바른 깨달음에 이르는 길(八正道)이 있습니다. 이 가운데 첫 번째가 올바른 견해이고, 세 번째가 올바른 말을 하는 것입니다. 여기서의 올바른 말이란 올바른 견해를 성취하기 위하여 거짓말과 저주하는 말과 꾸미는 말, 이간질하는 말을 하지 않는 것입니다. 그리고 올바른 견해란 삿된 견해를 멀리 여읜 것입니다. 오늘날 우리 주변에는 삿된 사상으로 사람을 현혹하는 무리들이 많습니다. 이 삿된 무리들의 말을 막아내는 지혜의 말이 바로 올바른 말의 바른 뜻이라는 생각이 듭니다.

주서(呪誓)를 하지 말라

미국의 닉슨 대통령이 워터게이트 사건으로 대통령직을 사임하게 된 이유가 사건 그 자체의 비도덕성이 아니라, 거짓말이라는 부도덕한 짓을 했기 때문이라는 것은 널리 알려진 사실입니다. 즉 공직자가 가져야 하는 덕목 중에 청렴성도 중요하지만, 보다 중요한 것은 진실성이라는 것을 이 사건은 말해주고 있습니다. 그런데 우리 나라의 경우는 어떠합니까? 공직자의 청렴성이 세계적으로 낮은 평가를 받고 있지요. 그렇다면 진실성은 어떠할까요?

우리 사회에서는 소위 사회지도급 인사라는 사람들이 간혹 자기가 믿는 종교를 내세우며 자기의 진실성을 믿어달라고 하소연하는 것을 보게 됩니다. 국민들이 자기 말을 믿지 않으니까, 이제는 종교까지 팔아가며 거짓말을 덮으려 하는 것이지요. 물론 얼마 뒤에는 그 인사의 부도덕성이 드러나서 망신을 더하는 것을 목격하게 됩니다. 부처님께서는 『우바새계경』에서 "세상의 여러 일을 행할 때 주서(呪誓)를 하지 말라."고 하셨습니다. 살아가면서 부처님이나 경전의 말씀을 걸고 맹세를 하지 말라는 것입니다. 물론 다른 종교의 성전에도 이와 비슷한 말씀은 있겠지요.

명성을 위한 종교

우리 나라처럼 다양한 종교를 가진 나라도 이 지구촌에는 드물 것입니다. 그 때문인지 우리 나라 종교에는 다른 나라에서는 찾아볼 수 없는 이상한 현상들이 많이 나타납니다. 그 가운데 하나가 각종 선거철만 되면 선거에 출마한 입후보자들이 사찰이건 교회건 헤집고 다니는 것입니다. 그리고는 자신이 바로 그 종교의 신자라고 하든지, 그것도 아니면 사돈의 8촌이 이 종교의 신자라고 스스로를 선전합니다. 물론 종교를 명성을 얻기 위한 정치에 이용해보자는 것이지요.

이렇듯 종교를 이용한 가장 극적인 모습은 당시 집권 여당인 김영삼 대통령 후보의 행동에서 잘 나타났습니다. 그는 선거전이 치열하던 어느 일요일에 선거유세를 중지했습니다. 장로로서의 신앙심을 앞세워 기독교를 이용하기 위해서 한 계산이었지요.

과연 종교라는 것이 명성을 얻기 위한 도구일까요? 부처님은 왕자라는 명성을 버리고 출가하셨고, 예수님도 짧은 생애를 길거리에서만 사셨지요. 그 분들은 오직 영혼만을 생각했을 뿐, 세속의 이익과 명성은 뒤돌아보지도 않았습니다. 종교가 너무 세속화되어 간다고 걱정하는 이때에, 자기의 이익과 명성을 위해서 종교를 이용하는 사람이 조금은 측은해보입니다.

단군 동상의 수난

매스컴에 자주 등장하는 단어에 '광견병', '광신도' 라는 말이 있지요. 그것이 병이 되었든 사람이 되었든 미쳐 있는 상태를 일컫는 말임에 틀림이 없습니다. 문제는 광견병은 객관적으로 알 수 있는 병이지만, 광신도라는 증세는 본인이 잘 모르는 병이라는 사실입니다. 이들 광신도들이 자신이 미쳐 있는지 아니면 그것을 사주하는 사람이 미쳐 있는지는 명확하지 않지만, 그들의 행동이 점점 이성을 잃어가고 있는 점만은 확실한 것 같습니다.

처음에는 불상을 훼손하고 사찰에 방화를 하는 등 주로 불교에 대하여 광신도 짓을 했지요. 그러다가 장승백이 '지하여장군' 을 파손하더니, 급기야는 초등학교에 모셔져 있는 단군의 동상을 무차별 파손하는 지경에까지 이르렀습니다. 이제는 우리 민족사를 부정하자는 것이지요. 그래서 민족사의 정점에 있는 단군성조를 역사에서 끌어내리려고 하는 것이지요. 우리말에 절이 싫으면 스님이 떠나라는 말이 있습니다. 한국말이 싫고 우리 역사가 싫으면 이 땅을 떠나면 됩니다. 우리의 전통과 풍습이 싫으면 자기에게 맞는 풍습이 있는 나라로 가서 살면 됩니다. 왜 떠나지도 못하면서 평화롭게 잘 살고 있는 동족을 괴롭히는지 한심한 생각이 듭니다.

독립기념관의 연꽃 수난

우리들은 사람의 됨됨이를 말할 때 '인품' 이라는 말을 곧잘 사용합니다. 아무리 재물이 많아도 인품이 따라가지 못하면 사람 대접을 잘 하지 않고, 가난한 학자라도 인품이 고상하면 대접을 해주는 것이 우리 민족의 멋이지요. 이렇게 어떤 존재의 품격을 따지는 일은 비단 사람에게만 있는 것이 아닙니다. 가령 꽃에도 나름대로의 화품이 있지요. 이를테면 눈 속에 피는 매화, 서리 맞고도 피는 국화, 진흙 속에 피는 연꽃, 사시사철 푸르고 곧은 송죽 등이 그 화품을 말하는 것입니다.

얼마 전 독립기념관 안에 피어있는 연꽃이 물교 꽃이라는 이유로 뽑혀진 적이 있었습니다. 거의 특정 종교 광신자나 할 수 있는 참으로 어처구니없는 일이 아직도 우리 사회에서 벌어지고 있다는 사실에 경악을 금할 수 없었습니다. 도대체 이러한 짓을 하는 사람의 인품은 짐승과 무엇이 다른지 조사를 해보고 싶은 심정이었습니다. 연못에 피는 연꽃에까지 저주를 하지 않으면 견디지 못하는 그들이 믿는 종교의 교주와 성직자는 인류의 평화를 위해서 왔을까요, 아니면 파괴하기 위하여 온 악마의 화신일까요?

영결식장의 종교

벌써 오래 전 일이지요. 박정희 전 대통령이 서거를 하고 국장 (國葬)이 베풀어지던 때입니다. 그날 영결식장에는 고인의 넋을 달래기 위하여 스님과 신부, 목사가 차례로 그들의 종교의식을 집전했습니다. TV화면을 통하여 그 모습을 지켜보면서 저는 묘한 생각이 들었습니다. 이것이 진정 고인을 위한 의식인지, 아니면 산 사람을 위한 것인지 헷갈렸기 때문이었습니다.

다른 종교는 잘 모르겠지만, 적어도 불교는 산 사람과 죽은 사람을 함께 제도하는 종교임에 틀림이 없습니다. 때문에 불교는 살아있는 사람을 위해서 죽은 사람을 천도하는 것은 아니지요. 고인으로 하여금 삶에 대한 집착과 미련을 떨쳐버리고 저승세계에 편안히 가라고 힘을 보태주는 것이 불교의 장례의식이기 때문입니다. 물론 거기에는 유가족으로 하여금 고인의 후생(後生)에 대한 걱정을 덜어주는 것도 포함되지요. 그런데 지금 우리 사회는 국가적인 추모행사에서 살아있는 사람을 위해서 종교의식을 요식행위로 전락시켜버렸습니다. 종교의식을 인간 삶의 양념 정도로만 생각하는 것 같아서 씁쓸한 마음을 지울 수 없습니다.

전직 승려와 매스컴

절에서 사용하는 물건 중에 요령이라는 것이 있습니다. 우리들은 간혹 이 요령의 손잡이 가운데 사람 머리 모양을 한 것을 볼 수가 있습니다. 그 사람 모습을 한 조각을 '악착보살'이라고 합니다. 부처님 당시에 출가하여 6번을 환속하고 7번째 출가하여 도를 이루었다는 보살입니다. 물론 요령에 악착보살의 조각을 한 것에는 다른 이유가 있겠지만, 한편으로는 스님들의 출가와 환속이 자신의 의지에 있음을 보여주고 있습니다.

이 세상에는 참으로 많은 직업이 있지요. 그 중에는 직업이 아니면서도 편의상 직업의 분류에 넣는 것들도 있습니다. 그 가운데 하나가 승려라는 수행자의 직업이 아닌가 여겨집니다. 그러나 승려는 환속을 하면 그 신분이 여느 속인과 다름이 없어집니다. 따라서 다른 직업을 갖든지 무직으로 살게 되겠지요. 그런데도 우리들은 각종 매스컴을 통해서 전직 승려라는 말을 가끔 접할 때가 있습니다. 그것도 어떤 비행에 관련이 있을 때 말입니다. 이것이야말로 불교의 위상을 추락시키고자 하는 고의적인 언론종사자의 횡포가 아니겠습니까. 저는 아직까지 죄인에게 일일이 전직을 보도하는 신문이나 방송을 대한 적이 없습니다.

석탄일 유감

　해방된 지가 반세기가 넘었습니다만, 아직도 우리 곁에는 일제의 잔재가 그대로 남아있는 것이 너무나 많습니다. 그 중에서도 특히 각종 법령집의 용어가 그러합니다. 해마다 법무부는 부처님 오신날 특별 가석방을 석탄절(釋誕節) 가석방이라 하고 있습니다. 석탄절이라는 말이야말로 전형적인 일본법령의 말이지요. 일본인들은 흔히 부처님을 석존이라 부르기 때문입니다. 그러나 우리들은 석존이라는 명칭을 잘 사용하지 않기 때문에 석탄이라는 말이 무척 귀에 거슬리는 것이지요.

　삼국시대부터 우리 민족의 명절로 경축되어왔던 4월 초파일의 공식명칭이 '부처님 오신날'로 바뀐 지가 20년이 훨씬 지났습니다. 우리 나라 불교에서는 사용하지 않는 석탄절이라는 말을 법무부는 언제까지 일제 때 그대로 법령집에 존속시킬 것인지 묻고 싶습니다. 분명히 불교계의 공식명칭은 부처님 오신날입니다. 만약 법무부의 공식명칭이 문제라면, 종단이 시정을 요구해서 이러한 잘못이 다음부터는 일어나지 않도록 해야 할 것 같습니다.

유사불교

　언제부턴가 우리 주변에는 사이비 언론, 사이비 종교 등의 사이비라는 말이 많이 사용되고 있습니다. 그래서 그런지 검찰에서도 사이비 종교에 대한 실태조사를 벌인 일이 있었습니다. 사이비 종교의 기준을 어디에 두고 있는지는 잘 모르겠지만, 허무맹랑한 교리로 사람들을 위협하고 현혹시킨다면 그러한 종교는 척결되어야 마땅하리라 여겨집니다. 그러나 그 뒤로 실태조사가 어떠한 성과를 올렸는지에 관해서는 보도를 접한 적이 없습니다.

　사이비 종교라는 말에는 불교라고 예외는 될 수 없을 것입니다. 점을 보고 굿을 하는 사람들이 흔히 부처님을 모셔두고 있기 때문에 이것을 불교라고 할 수는 없는 것이지요. 생계의 수단으로 부처님을 모시고 사주를 보고, 관상을 봐주는 것을 불교라고 할 수 있겠습니까? 대순진리교가 미륵보살님을 본당 한 쪽에 모시고 포교를 한다고 불교가 될 수는 없지요. 불자들로서도 사이비적인 유사불교에 현혹되지 않도록 서로 탁마해야 할 것입니다. 불교방송 자비의 전화는 바로 정법을 펴기 위한 신장(神將)으로서의 책임을 다하고자 여러분 곁에 항상 열려있습니다.

가야불교

　벌써 이십여 년 전의 일입니다만, 그 때 저는 경상남도 창원에 있는 불모산 장유암 토굴에서 한 철 동안 정진한 적이 있습니다. 그 장유암은 가야국의 시조인 김수로왕의 부인인 허 왕후가 인도의 아유타국에서 올 때 함께 온 인도스님 장유 화상의 전설이 서려있는 곳이기도 합니다. 이러한 연유로 김해지방의 향토 사학자들은 가야불교의 연원을 가야국의 개국과 같이 생각하여 지금도 연구를 계속하고 있습니다.

　그러나 그 동안 이 연구가 학계의 관심을 끌지 못했던 것은 사실입니다. 그런데 김해나 창원 지역의 가야 고분을 발굴하는 과정에서 3세기경의 유물이 출토되었는데, 거기에는 불교에 관계된 유물이 다수 있었다고 합니다. 물론 향토 사학가들의 주장대로 김해지방의 사찰에서는 다른 지역에서는 볼 수 없는 물고기 문양의 조각들이 발견되는데, 이 문양 역시 과거 아유타국의 문양이라고 합니다. 만약 이러한 것이 사실이라면 우리 나라의 불교역사는 상당한 수정이 필요하겠지요. 가야국의 유물발굴이 가야불교를 재조명해보는 계기가 되었으면 합니다.

승단과 교단

　불교 교단을 부처님 당시부터 상가라고 불러왔습니다. 이 말은 평화를 실현하는 단체라는 의미를 지니고 있습니다. 이 상가를 불교에서는 부처님과 교법과 더불어 세 가지 보배(三寶)라고 하여 재가신도의 귀의의 대상이 되고 있지요. 그리고 교단이라는 말에는 넓은 의미에서 출가승단과 재가신도가 함께 참여하고 있다고 할 수 있습니다. 여기에서 하나의 문제가 발생합니다. 승보(僧寶)의 범위가 어디까지인가 하는 것이지요.

　요즈음 심심찮게 교단 내 재가신도의 권리 범위가 불자들의 입에 회자되고 있습니다. 교단을 구성하는 요소가 출가·재가가 함께하기 때문에 당연하다고 할 수 있습니다. 또한 재가신도를 신행적으로 지도해야 할 출가승단의 구성원들이 재가신도들을 실망시키는 일이 자주 벌어지고 있는 상황에서, 교단에 일정량의 권리행사를 하겠다는 것을 잘못되었다고만 말할 수 없겠지요. 그러나 여기서 간과할 수 없는 것이 출가승단의 운영문제와 교단의 운영이 유기적 관계에 있지만, 결코 혼동되어서는 안 된다는 점입니다. 출가승단은 승단만이 갖는 고유기능이 있고, 이것이 훼손되어서는 안 된다는 말입니다. 이 문제에 관한 지혜가 모아져야 할 것 같습니다.

승단의 일꾼들

한 채의 집을 짓는 데는 많은 재료와 인력이 필요합니다. 특히 그 인력이라는 것은 일률적이 아니어서 목수도 있고 미장이도 있으며, 혹은 단순노무자도 없어서는 안 됩니다. 만약에 모든 사람이 목수만 선호하여 미장이를 하지 않는다면 집은 지어질 수 없을 겁니다. 우리들의 삶 전체도 이렇게 영위되고 있고, 불교 교단도 예외가 될 수는 없겠지요.

40여 년 전의 일입니다. 한 청년이 어느 절에 출가하러 왔습니다. 총무스님이 보니 그 청년은 무식하고 아둔해서, 공부를 해도 훌륭한 수행자가 되기가 힘들겠다는 생각이 들었습니다. 그래서 주지스님에게 그 청년을 내려 보내겠다고 말씀드렸습니다. 그랬더니 주지스님은 그 청년도 장차 농삿일을 담당하는 원두소임을 맡기면 훌륭히 할 것이라며 출가를 허락했다고 합니다.

우리 승단에는 염불을 잘하는 스님도 있고, 법문을 잘하는 스님도 있지요. 어떤 스님은 살림을 잘하고, 또 어떤 스님은 글재주가 뛰어나기도 합니다. 이런 스님들이 모여서 수행하면서 승단을 가꾸어 나가는 것이지요. 누군가가 미장이나 노무자의 책임을 지고 그 일을 충실히 할 때, 불교 교단의 기틀이 다져지지 않을까 여겨집니다.

관세음보살의 자비

해마다 한식날을 맞으면 진나라의 충신 개자추가 끝내 산에서 나오지 않고 타죽는 모습이 눈앞에 선합니다. 아울러 자기의 의사나 주장을 자학적으로 내향 처리하는 개자추의 정신이 우리 불자들에게는 얼마 정도 흐르고 있지는 않는지 돌이켜 보고 싶어집니다. 음력으로 매달 24일은 관음재일입니다. 끝없이 자비하신 관세음보살님께 공양올리고 축원하면서, 스스로가 관세음보살 같은 삶을 살기를 발원하는 날입니다.

그러니 관세음보살의 자비에는 무조건적인 용서만 있는 것은 아닙니다. 자비라는 말에는 아버지의 자식을 때리는 사랑과 어머니의 연민히 여기는 사랑이 함께 하는 것이지요. 잘못된 것을 보고 그냥 지나치는 것이 자비가 아니라는 말입니다. 잘못된 것을 보고는 가차없이 매를 들 수 있는 아버지의 사랑이 있어야 하는 것이지요. 보살이라는 말에는 '용기 있는 사람'이라는 뜻도 담겨져 있습니다. 이젠 불자들도 불의를 보고는 그것의 시정을 위해서 뛰어드는 적극적인 삶을 살아야 하지 않을까 하는 생각이 듭니다.

부산 범어사

대한불교 조계종의 14교구 본사 범어사, 부산에 있는 이 범어사를 생각할 때마다 가슴이 아려옵니다. 일제 때는 말할 것도 없고, 해방 후 지금까지 한국불교를 이끌어 온 범어사, 우리 나라 재가불교의 버팀목이 되고 있는 부산의 신도를 안고 있는 범어사가 지난 십수 년간 할 일을 다하지 못했다는 것은 여간 가슴 아픈 일이 아닐 수 없습니다. 저는 그 곳에서 중이 되어 20대 초반의 청춘을 보냈고, 그곳의 관음전에서 초발심의 신심을 심었습니다. 봄이 되면 아름드리 등나무에서 등나무 꽃이 주저리주저리 열리고, 가을이면 금정산 중턱에 억새꽃이 장관을 이루던 범어사가 제 가슴 속에 숨을 쉬고 있기에 범어사 소식에 예민합니다.

그 범어사에서 새 주지스님의 진산식이 있었습니다. 천명이 넘는 사부대중이 운집한 가운데서 새로운 각오를 다지는 새 주지스님의 취임사를 말석에서 지켜보면서, 저뿐만 아니라 그 자리에 참석한 모두가 이제는 정말 범어사가 부산의 신도와 힘을 합쳐 한국불교 중흥의 모태가 되기를 기도했을 것입니다. 그 기도가 헛되지 않기를 바라면서 자비의 전화 수화기를 올립니다.

구화산 백세궁

중국의 대표적인 불교성지로 네 곳을 들고 있는데, 그 중의 하나가 안휘성에 있는 구화산입니다. 해발 1,300m 정도나 되는 구화산은 글자 그대로 산 전체가 대소사찰로 들어서 있습니다. 그리고 그 곳의 모든 사찰에는 우리 나라 김교각 스님을 지장왕보살로 형상화하여 주불로 모시고 있습니다. 한 사람의 원력이 얼마나 큰일을 해낼 수 있는가를 실감케 하는, 구화산의 김교각 스님이 한국인이라는 사실에 가슴이 벅차 그 곳을 떠나기가 못내 아쉬운 그런 곳이지요.

그 구화산에는 백세궁이라는 사찰이 있습니다. 김교각 지장보살이 주석하셨던 화성사에서 한 시간 가량 계단을 따라 올라가면 이를 수 있는 이 절에는 명나라 때 스님인 무하혜옥 선사의 등신불이 모셔져 있습니다. 사후에 육신 그대로 개금을 해서 모셔져 있는 무하 선사의 꼿꼿한 자세가 350년이라는 세월을 뛰어넘어 지금 우리들에게 수행의 진수를 보여주고 있습니다. 물론 수행이 형상에 있는 것은 아니지만, 말세에 신심이 얕은 사람들을 위해서 보여주신 스님의 그 자비심을 어찌 말로 할 수 있겠습니까. 우리 시대, 이 땅에서도 무하 선사 같은 대 선지식을 만나고 싶습니다.

사찰과 생계수단

요즈음 교계신문을 보면 사찰매매에 관한 광고를 많이 접하게 됩니다. 심지어 이것만을 전문으로 하는 회사까지 등장하고 있음을 알게 됩니다. 이러한 현상에 대해서 그 시시비비를 가리고 싶지는 않습니다. 다만 우리 절 집안에서 사찰을 팔고 사는 것이 아무 부끄러움 없이 행해지게 되었는지 그 현실이 통탄스럽습니다. 신도가 신심으로 사찰을 건립했으면 삼보전에 바치면 그만인 것을, 또다시 부처님을 팔아 처음의 그 순수한 신심을 욕되게 함은 아무래도 납득이 가지 않습니다.

며칠 전 노보살 한 분이 저를 찾아왔습니다. 말인즉 자신이 사찰을 가지고 있는데, 주지스님과 알력이 생겨 어렵다는 하소연이었습니다. 저는 그 보살에게 처음 사찰을 창건할 때의 그 순수한 신심으로 돌아가라고 말씀드렸습니다. 그렇습니다. 우리 주변에는 소위 보살절을 운영하고 있는 불자들이 더러 있습니다. 그런데 그분들이 처음의 신심과는 달리 사찰을 생계의 수단으로 이용하는 데 문제가 발생하게 되는 것입니다. 사찰을 건립하여 매매를 하는 사람들이나 생활의 수단으로 절을 운영하는 이들 모두가 사찰은 전법과 수행의 도량일 때 제값을 하게 된다는 사실에 눈떠야 하겠지요.

스님들의 성씨

옛날 문헌을 찾아보면 스님들의 이름에는 성이 없는 것을 보게 됩니다. 중국불교에서는 대다수가 석(釋) 아무개라고 석가모니의 석씨를 성으로 대신하고 있을 뿐, 결코 속가의 성씨를 스님들 이름에는 사용하지 않았습니다. 그런데 언제부턴가 우리 불교계에 속가의 성씨를 꼭 붙이고 불명을 적는 스님들이 늘어나고 있습니다.

평소 속가의 성을 쓰지 않는 저로서는 그 이유를 잘 알 수는 없지만, 바람직한 추세라고 생각되지는 않습니다. 오늘날 우리 사회에서 종교에 대하여 가해지는 비판 가운데 가장 눈에 띄는 것이 종교의 세속화가 아닐까요? 그 비판은 종교가 수도원이나 깊은 산중에만 있으라는 말은 아닐 것입니다. 수행자나 성직자가 현실에 참여하여 왈가왈부하는 것을 나무라는 말도 아닐 것입니다.

그것은 목사가 교회를 아들에게 세습시키고, 수행자가 명문(名聞)이나 이권(利權)에 집착하는 것을 비판하는 말이지요. 원효 스님께서는 『발심수행장』에서 "마음 가운데 애욕을 여읜 사람을 사문이라 하고, 세속을 그리워하지 않는 것을 출가라 한다."고 말씀하고 계십니다. 스님들이 속가 성을 사용하는 풍토도 세속화의 입장에서 비판될 수 있을 것입니다.

바쁜 스님들

　해인사나 통도사에서는 봄이 되면 스님들이 모내기를 하는 울력이 있습니다. 며칠 동안 참선이나 승가대학의 공부를 접고, 사찰 소유의 논에 종일 모심기를 하는 것이지요. 또한 대중이 모여 사는 사찰에서는 스님들이 아침마다 그 넓은 도량의 청소를 마치고 공부를 시작합니다. 중국의 백장 스님이 제창한 일일부작 일일불식(一日不作 一日不食)이라는 백장청규에서 비롯된 것이지요. 하루 일하지 않으면 하루 먹지 않는다는 이 말은 스님들의 수행관에 큰 영향을 끼친 것이 사실입니다.

　그러나 스님들이 하는 일이 꼭 육체적인 노동이어야 하는 것은 아니라고 생각합니다. 분업화된 사회에서 채소밭 가꾸기는 절에서 일하는 부목에게 맡기고, 법문 준비에 만전을 기하고, 병실에 누워있는 신도를 찾아보는 것이 오히려 백장 스님의 청규정신에 맞지 않겠습니까. 스님들에게 전화 통화하기가 참 힘들지요. 무슨 일을 그렇게 많이 하는지 도통 절에 계시지를 않습니다. 한가한 스님들을 잘 볼 수가 없습니다. 하루 일하지 않으면 하루 먹지 않는다는 생각 때문일까요. 잡일은 신도들에게 맡기고, 수행에 전념하는 한가한 스님들이 그립습니다.

불법흥망의 책임

　인간을 다른 동물과 구별하여 사회적 동물이라고 부릅니다. 따라서 인간의 삶에는 그 사회를 이끄는 조직과 제도가 있기 마련입니다. 부처님의 법을 유지하고 발전시켜 나감에도 예외가 있을 수 없지요. 문제는 이것을 담당하고 있는 사람들의 자질입니다. 예부터 불법 문중에는 사자충(獅子蟲)이 사자육(獅子肉)한다는 말이 있습니다. 사자의 고기는 다른 짐승이 먹어 없어지는 것이 아니라, 그 몸에 기생하고 있던 벌레에 의해 부패된다는 말입니다.

　불법이 흥하고 망하는 것은 정치권력 등 외부의 힘이 아니라, 불법에 몸을 담고 있는 당사자들에게 그 책임이 있다는 것이지요. 스님들이라고 해서 완벽할 수는 없지요. 혹시 스님이 스님답지 않을 때는 그것을 지적하여 시정시키는 것이 보살의 책임이라는 것입니다. 혹 큰 시주자라 하더라도 불자답지 않을 때는 부처님 법으로 다스려야 하는 것입니다. 우리 한 사람 한 사람이 이 점을 명심하고 불법중의 사자충을 다스림으로써 불교를 지켜 나가야 하지 않을까 생각됩니다.

행선축원

『물은 답을 알고 있다』는 책을 읽은 적이 있습니다. 저자는 이 책에서 물에서 나타나는 육각형의 결정체가 물을 대하는 사람의 마음에 따라서 다르게 변한다는 것을 보여주고 있습니다. 사람이 물에게 아름다운 마음을 보내면 결정체도 아름다워지고, 저주의 마음을 보내면 결정체 역시 일그러진다는 것이지요. 이러한 말들은 그 동안 많이 있어왔습니다. 아름다운 음악을 들려준 난초는 꽃이 더 예쁘게 피고, 음악을 틀어놓은 목장의 젖소는 우유를 더 생산한다는 등의 실험결과가 발표되곤 했지요.

새벽 예불 때 스님들은 행선축원이라는 것을 합니다. 그 축원문 가운데에 "내 이름을 듣는 이는 지옥·아귀·축생의 고통을 면하고, 내 모습을 보는 이는 해탈을 얻어지이다."라는 내용이 있습니다. 둘러보면 우리 주변에는 고통과 번민 속에 신음하는 많은 사람들이 있지요. 이제 우리들이 인간으로서 그들에게 고통을 제거해 주고, 기쁨을 주기 위해서 노력해야 한다는 부처님 가르침을 아침마다 불자들은 이렇게 다짐하는 것입니다. 그러나 이러한 다짐이 불자들만의 것이 되어서는 안 되겠지요. 온 국민 아니 전 세계인이 이 서원을 함께 할 때 이 지구는 9월의 햇살마냥 눈부시지 않겠습니까.

산림기도(山林祈禱)

해마다 정월 초가 되면 전국의 대소사찰에서 9일 혹은 15일 간의 정초기도를 봉행합니다. 그 기도가 무슨 기도이든 간에 이렇게 정초에 하는 기도를 옛날부터 산림기도라 부르고 있습니다. 우리들이 가지고 있는 제 잘났다는 아상을 비롯한 인상·중생상·수자상의 높은 산을 허물고, 그 곳에 공덕의 숲을 가꾸는 기도라고 해서 붙여진 이름입니다.

우리들은 알뜰한 여자를 흔히 살림을 잘하는 여자라고 합니다. 또한 우리들이 살아가는 가정생활을 살림살이라고 하지요. 일부 학자들은 이 '살림'이라는 말의 어원을 불교의 산림기도에서 찾기도 합니다. 그러나 지금 이 학설의 진위는 그렇게 중요한 것이 아닙니다. 문제는 한해의 살림살이를 잘하기 위해서는 이렇게 아상을 허물고 공덕을 짓는 것에서 시작되어야 한다는 사실이지요. 이러한 까닭에 많은 기도 중에서 정초의 산림기도는 특별한 의미를 갖게 되는 것입니다. 4상(四相)을 허물고 공덕의 숲을 가꾸는 산림기도 속에 풍요로운 살림살이가 있는 것입니다.

부처님의 자비광명

　땅 속에 사는 굼벵이는 바다가 있다는 사실을 믿지 않겠지요. 하루살이는 내일이 있다는 것을 역시 믿지 않겠지요. 그러나 그것들이 아무리 믿지 않더라도 바다는 존재하고, 내일은 분명히 있습니다. 그것들이 이 엄연한 사실을 믿지 못하는 것은 인식 한계가 거기에 미치지 못하기 때문입니다. 그렇다면 만물의 영장이라는 우리 인간은 어떠할까요? 우리들 역시 눈에 보이지 않고, 손에 잡히지 않는 것은 믿으려 하지 않지요.

　우리들이 눈으로 볼 수 있는 빛에는 태양빛, 전깃불, 레저광 등이 있습니다. 그리고 눈에 보이지 않는 빛으로는 적외선이나 자외선 같은 것이 있습니다. 처음부터 우리들이 적외선을 있다고 믿은 것은 아닙니다. 과학의 발달로 눈에 보이지는 않지만, 있다고 믿게 된 것입니다. 이렇게 눈에 보이지는 않지만, 분명히 있는 광명이 있습니다. 다름 아닌 부처님의 무량한 자비광명입니다. 이 광명은 눈에는 보이지 않기 때문에 과학적으로 증명할 수는 없지만, 이 광명은 우리들에게 바른 길을 제시하고 삿된 길을 막아줍니다. 세상이 아무리 흉흉해도 부처님의 광명이 비치는 한 밝은 길은 열려져 있는 것입니다.

역경을 이기는 기도

　보살님 한분이 제가 거처하고 있는 각화사에 찾아왔습니다. 차를 마시면서 들은 이야기에 의하면, 전에는 자주 절에 가서 기도를 했는데, 집안사정이 복잡해진 몇 년 전부터 발길을 끊었다는 것입니다. 그러다가 그날 우연히 부처님을 찾고 싶다는 생각이 들어서 왔다는 것입니다. 비단 그 보살님뿐만 아니라, 이렇게 집안에 좋지 못한 일이 생기면 부처님을 멀리하는 사람이 더러 있지요. 그러나 생각해 보면 힘들고 어려울수록 부처님 가르침 속에서 그것을 타개하는 방법을 찾는 것이 불자의 바른 자세가 아닐까 여겨집니다.

　사람이 살아가는 데는 항상 평탄한 길만 있는 것이 아닙니다. 내리막길도 있고 오르막길도 있습니다. 평탄한 길의 삶에서도 기도를 끊임없이 해야 하는 이유는 인생의 여정에는 시련이라는 반갑지 않는 손님이 찾아오기 때문입니다. 평소의 기도는 이 시련이라는 손님을 맞았을 때, 그 손님을 잘 보내는 기술이 되는 것입니다. 그런데도 역경을 만났을 때 기도라는 기술을 오히려 멀리한다면 너무 손해가 크지 않겠습니까.

해거리 없는 인생

　제가 살고 있는 토굴 주위에는 대추나무가 몇 그루 있는데, 올해는 해거리로 대추가 통 열리지 않았습니다. 지난해는 너무 많이 열려서 그 빨간 자태에 군침이 돌 지경이었는데 올해는 틀린 모양입니다. 이웃 사람에게 왜 해거리를 하느냐고 물었더니, 거름을 하지 않아서 그렇다는 것입니다. 해마다 거름을 주지 않으면 대추나무가 열매 맺기를 포기한다는 것입니다.

　그러나 어디 대추나무뿐이겠습니까. 우리네 삶도 마찬가지로 마음 밭에 끊임없이 기도라는 거름을 주었을 때, 해거리 없이 윤택해 지지 않겠습니까. 매일의 일과정진을 귀찮다고 해서 하지 않는다면 삶이 해거리하는 대추나무 신세가 되지 말라는 보장이 어디 있겠습니까. 하루에 빠짐없이 108배를 하든 금강경을 독송하든, 시간을 정하여 놓고 기도하는 것이 마음 밭에 거름을 주는 것입니다.

　과일나무가 해거리를 할 때 거름을 주어서는 아무 소용이 없지요. 이미 그때는 한 해 농사를 망친 뒤가 됩니다. 어둠의 그림자가 보이기 전, 행복한 삶이 이어지고 있는 그 때의 일과정진이 인생의 해거리를 미연에 방지하는 기술이지요.

불교도 경건주간

『삼국유사』제 7권에는 '김현감호(金現感虎)'라는 부분이 있습니다. 여기에는 신라시대에 부처님 출가일로부터 열반일까지를 복회(福會)라고 해서 국민들이 밤새워가며 탑돌이 하던 풍습을 기술하고 있습니다. 내용을 간략히 살펴보면, 이 복회에 참례하여 탑돌이 하던 김현이라는 총각과 사람이 되기를 발원하며 탑돌이 하던 호랑이가 서로 사랑하게 되었지만 이루지 못하고, 대신 호랑이가 김현 총각에게 크게 은혜를 베풀었다는 것입니다.

이 복회의 풍습이 불교방송 개국과 때를 같이하여 '불교도 경건주간'으로 재조명되어 불사가 베풀어 졌습니다. 이 기간 동안 전국의 사찰에서 공양미를 올리고 기도를 하고, 기도가 끝나는 날 그 쌀을 불우이웃에게 전하는 불사입니다. 그런데 근년 그 열기가 차츰 식어가고 있어서 안타깝습니다. 모든 불자들의 동참으로 불교도 경건주간이 제자리를 잡아야 하지 않을까 여겨집니다. 물론 전체 불교종단 차원의 적극적인 자세도 촉구하고 싶습니다.

지장보살과 현세이익

근자에 우리 주변에는 지장신앙에 대한 관심이 유별나게 증대되었습니다. 때문에 지장보살님께 공양올리고 기도하는 날인, 음력으로 매월 열여드레 지장재일에는 많은 신도가 절을 찾습니다. 그러나 어디 지장보살님께 기도하는 날이 꼭 지장재일에 한정된 것이겠습니까. 그런데도 한 달에 한번 지장재일을 정하여 공양올리고, 기도하는 것은 꼭 지장보살님께 축원하는 데 목적이 있는 것이 아닙니다.

『지장보살 본원경』에는 "세존이시여, 말세의 중생은 염려를 마옵소서, 그들을 전부 제가 제도하겠습니다."라는 지장보살의 원력이 나타나 있습니다. 그런데도 불구하고 요즈음의 지장신앙은 너무 현세이익에만 치중되어 있다는 생각이 듭니다. 물론 지장보살의 본원력에 의한 현세이익을 도외시할 수는 없지만, 너무 거기에 치우친 것도 문제가 되겠지요. 지장보살님은 결코 영가를 천도하는 전문 보살님이 아닙니다. 지장보살님은 오늘날과 같은 말세의 일체 중생을 제도하기 위해서 원력을 세운 보살입니다. 거기에는 스스로 지장보살이 되겠다는 서원을 담고 있는 것입니다.

유유상종(類類相從)

　"부처님 눈에는 부처님만 보이고, 돼지 눈에는 돼지만 보인다." 이성계와 무학 대사의 대화에서 무학 대사가 던진 말이지요. 이처럼 자기 마음의 깊이에 따라 상대방을 바라보기 마련입니다. 어쨌든 절대왕권 시절에 무학 대사와 이성계의 허심탄회한 만남을 보면 유유상종(類類相從)이라는 말이 생각납니다. 비슷비슷한 사람끼리 서로 어울리고 친하다는 말입니다. 착한 사람은 착한 사람들과 친하고, 도둑놈은 본래 도둑놈들과 어울린다는 것이지요.

　그러나 이 말은 꼭 개인간에만 해당되는 것은 아닙니다. 다른 사람을 미워하고 욕하는 사람에게는 욕할 일만 생기고, 고맙다고 생각하고 말하는 사람에게는 고맙고 좋은 일이 찾아드는 것입니다. 혹자는 말합니다. 고마울 일이 없는데, 어떻게 고맙다고 말하느냐고. 그러나 매사에 고맙다는 말을 먼저 할 때, 고마울 일이 찾아오는 것입니다. 이것이 유유상종의 법칙입니다. 이것이 인생을 행복하게 사는 비결입니다. 따라서 고마운 일이 생겨서 고맙다고 인사하는 것이 아니라, 무조건 고맙다는 마음과 인삿말이 자신의 생활을 호전시키게 되는 것입니다.

마음 속의 먼지

깨끗해 보였던 창문에도 햇빛이 비치면 더러운 부분이 보입니다. 봄 햇살이 방안을 비추면 방바닥의 먼지가 방 전체에 날리고 있는 것이 눈에 띕니다. 어두울 때는 미처 몰랐던 그러한 먼지가 밝음을 만났을 때에 그 모습을 비로소 드러내게 되는 것이지요. 우리들의 마음에 낀 먼지도 마찬가지라는 생각이 듭니다. 일상에 쫓겨 살다보면 자신 속에 낀 먼지가 보이지 않지만, 부처님의 광명으로 자신을 비쳐보면 그것이 보이게 되는 것입니다.

자신이 기도를 하고 참선을 해서 수행이 어느 정도 진전했는지 궁금해 하는 사람들이 있습니다. 그것을 알기 위하여 선지식을 찾아 헤매기도 하지요. 그러나 우리 주변에 그것을 점검해줄 선지식은 그리 많지 않습니다.

그렇다면 어떻게 해야 할까요. 부처님의 광명으로 자신을 비쳐보는 것입니다. 자신이 수행을 시작하기 전과 지금의 마음에 어떤 변화가 있는지를 살펴보는 것입니다. 욕심과 성냄의 농도에 차이가 없다면 수행에 진척이 없는 것이고, 조금이라도 농도가 엷어졌다면 수행이 되어가고 있는 것이지요. 방안의 먼지는 햇살이 알려주고, 마음속의 먼지는 부처님의 광명이 보여줍니다.

너의 발 밑을 살펴보라

사찰에서 본 기억 가운데 어떤 것이 가장 인상적이었습니까? 아마 그 중에는 대중이 함께 거주하는 큰방 섬돌 위에 나란히 놓여 있던 하얀 고무신들의 모습도 있을 것입니다. 거기에는 마치 인간이 사는 세상이 아닌 듯한 정적이 흐르고 있지요. 게다가 자세히 보면 그 섬돌 어딘가에 있는 '조고각하(照顧脚下)'라는 글귀를 볼 수가 있습니다. '너의 발 밑을 살펴보라.'는 이 글귀를 스님들은 신발을 신을 때마다 보게 됩니다. 물론 글귀의 의미는 너 자신을 살펴보라는 것입니다만, 언제나 스스로를 돌이켜보고 반성하는 수행자의 자세가 이 넉 자에 담겨 있는 것이지요.

우리들이 세상을 살아가는 자세도 마찬가지가 아니겠습니까! 인생이라는 것이 단거리 경주가 아니고 장거리 마라톤 경주이기 때문에, 장애가 닥치기도 하고 실수도 합니다. 그렇다고 중간에 경주를 포기할 수도 없습니다. 여기에서 우리들은 조고각하의 정신이 필요한 것이지요. 언제나 자신을 살펴보아 허물이 있으면 참회하고, 역경이 찾아올 때는 부처님의 위신력에 의지하는 지혜가 있을 때에 세상은 그래도 살 만한 장소로 다가오는 것입니다.

한강의 물을 한 입에 다 마셔라

초판 인쇄 2004년 12월 15일
초판 발행 2004년 12월 20일

지은이   혜담지상(慧潭至常)
펴낸이   박상근(至弘)

펴낸곳 불광출판사
서울시 송파구 석촌동 160-1

등록번호 제1-183호(1979. 10. 10.)

대표전화 420-3200
편 집 부 420-3300
전   송 420-3400

ISBN 89-7479-756-9
www.bulkwang.org
E-mail:webmaster@bulkwang.org

값 8,500원